BEI GRIN MACHT SICH IHR WISSEN BEZAHLT

AF131167

- Wir veröffentlichen Ihre Hausarbeit, Bachelor- und Masterarbeit

- Ihr eigenes eBook und Buch - weltweit in allen wichtigen Shops

- Verdienen Sie an jedem Verkauf

Jetzt bei www.GRIN.com hochladen und kostenlos publizieren

Bibliografische Information der Deutschen Nationalbibliothek:

Die Deutsche Bibliothek verzeichnet diese Publikation in der Deutschen National-
bibliografie; detaillierte bibliografische Daten sind im Internet über http://dnb.d-
nb.de/ abrufbar.

Impressum:

Copyright © 2015 GRIN Verlag, Open Publishing GmbH
Druck und Bindung: Books on Demand GmbH, Norderstedt Germany
ISBN: 9783668344020

Dieses Buch bei GRIN:

http://www.grin.com/de/e-book/344674/die-kinder-und-jugendhilfe-im-umgang-
mit-unbegleiteten-minderjaehrigen

Anonym

Die Kinder- und Jugendhilfe im Umgang mit unbegleiteten minderjährigen Flüchtlingen aus rassismussensibler Perspektive

GRIN Verlag

Katholische Hochschule Nordrhein-Westfalen
- Abteilung Aachen -
Fachbereich Sozialwesen

Die Kinder- und Jugendhilfe im Umgang mit unbegleiteten minderjährigen Flüchtlingen aus rassismussensibler Perspektive

Bachelorthesis im Studiengang Soziale Arbeit

Aachen, 29.05.2015

„Man sagt häufig, der Rassismus sei eine Plage der Menschheit.
Aber mit solch einer Phrase darf man sich nicht zufriedengeben.
Man muß unermüdlich die Auswirkungen des Rassismus auf allen
Ebenen des gesellschaftlichen Lebens aufspüren" (Fanon 1972, 44)

Inhaltsverzeichnis

1. Einleitung..6

2. Unbegleitete minderjährige Flüchtlinge.....................................8

3. Rassismus..12

    3.1 Determinationen von Rassismus...12

    3.2 Rassismus-Theorien...16

       3.2.1 Formen und Ebenen des Rassismus..............................18

          3.2.1.1 Rassismus und Sprache.....................................21

          3.2.1.2 Sekundärer Rassismus......................................22

    3.3 Ausländer- und Fremdenfeindlichkeit...................................23

    3.4 Ursachen von Rassismus...23

    3.5 Strategien gegen Rassismus..25

    3.6 Rassismussensible Perspektive...27

4. Die Kinder- und Jugendhilfe für unbegleitete minderjährige
    Flüchtlinge..30

    4.1 Der rechtliche Rahmen..31

       4.1.1 Das Kinder- und Jugendhilfegesetz..............................31

       4.1.2 Die UN-Kinderrechtskonvention..................................32

       4.1.3 Das Ausländerrecht...34

    4.2 Die Inobhutnahme als Beginn in der Jugendhilfe................36

       4.2.1 Das Clearingverfahren..39

          4.2.1.1 Die Altersfeststellung.......................................41

       4.2.2 Die Vormundschaft..44

4.3 Die Heimerziehung im Rahmen der Hilfen zur Erziehung..................46

    4.3.1 Monoethnische und Multiethnische Gruppen............................48

    4.3.2 Integrierte Gruppenformen..51

4.4 Sonstige Unterbringungsformen..51

    4.4.1 Asylbewerberaufnahmeeinrichtungen und Wohncontainer........54

4.5 Hilfen für junge Volljährige...57

4.6 Interkulturelle Kompetenz...59

4.7 Der Begriff der unbegleiteten minderjährigen Flüchtlings.................61

5. Schlussbetrachtung und Anregungen....................................63

Literaturverzeichnis...72

Abkürzungsverzeichnis...85

1. Einleitung

Unbegleitete minderjährige Flüchtlinge (im Folgenden: umF) repräsentieren eine vulnerable Gruppe, die in den vergangenen Monaten durch vielfältige Ereignisse auch in den Medien ein großes Aufsehen erhalten hat. Dies bezieht sich zum Beispiel auf die Gefahren des Fluchtweges - insbesondere auf den Mittelmeerweg, bei dem Berichte über ertrunkene Kinder als eine Alltäglichkeit erscheinen. Auch, dass diese nach der überlebten Flucht wenig ausgearbeitete Zugänge zu einem angemessenen Asylverfahren erhalten und nach Ankunft in Deutschland teilweise kläglichen Lebensbedingungen in den von einer guten Infrastruktur abgeschotteten Asylbewerberaufnahmeeinrichtungen ausgesetzt sind, scheint in der Gesellschaft eine bekannte Thematik zu sein. Das Mitgefühl für die besondere Lebenssituation derer steht dabei stets in Konfrontation mit der gesellschaftlichen Unsicherheit und Unruhe, die durch die steigende Anzahl und Relevanz der Flüchtlinge produziert wird. Dies äußert sich häufig in rassistischen Übergriffen, Ausgrenzung, sowie negativer Etikettierung.

Jedoch bleibt dabei die gesetzlich verankerte Kinder- und Jugendhilfe als grundlegende Institution, die sich um die existenzielle Versorgung der umF kümmert, in der Gesellschaft meist unthematisiert. Die Formen der Hilfe und Unterstützung sind insgesamt wenig bekannt. Da die Kinder- und Jugendhilfe ein Feld der Sozialen Arbeit darstellt, das in der Gesellschaft mit Hilfe und Fürsorge in Verbindung gebracht wird, scheint auch das Hinterfragen auf Ablehnung oder gar Rassismus innerhalb dieser in Bezug zu umF nicht als notwendig. Denn auch gerade bezüglich Rassismus ist in Deutschland eine Tabuisierung des Begriffes herauszustellen, was in enger Verbindung zum Nationalsozialismus während des zweiten Weltkriegs gedeutet werden muss. Demnach ist die Forschung zu Rassismus in Deutschland in Bezug auf umF wenig weit ausgeprägt, sodass zumeist ein Fokus auf die Fluchterfahrungen und das Leben im Herkunftsland gelegt wird (vgl. Hargasser 2014, 123f.). Doch trotz der Umgehung und Abwendung der Thematik um Rassismus ist es nicht zu verleugnen, dass dieser in der deutschen Gesellschaft vorzufinden ist.

Demnach ist es das zentrale Anliegen dieser Arbeit, einerseits die Kinder- und Jugendhilfe im Umgang mit umF in Bezug auf das Aufgabenfeld zu erforschen und andererseits dieses im Hinblick auf Rassismus zu analysieren. Dabei soll herausgefunden werden, ob die Kinder- und Jugendhilfe als Feld der Sozialen Arbeit rassistische Elemente beherbergt und welche Anregungen zum Entgegnen dieser Elemente an die Kinder- und Jugendhilfe gegeben werden können.

Dabei wird es als wichtig erachtet, im Kapitel *Unbegleitete minderjährige Flüchtlinge* zuvor einen Einblick auf die aktuelle Situation und das Leben dieser zu geben. Dies erfolgt aus statistischer, rechtlicher und psychosozialer Perspektive und soll weiterhin auch eine Einführung in die Thematik von Flucht generell geben.

Nachfolgend soll das Kapitel *Rassismus* eine theoretische Grundlage bieten, um bei der späteren Anwendung auf die Praxis ein Verständnis dessen zu haben. Dabei sollen vorerst die Determinationen von Rassismus erläutert werden, welche sich auf die Merkmale, die zum Anlass für Rassismus genommen werden, beziehen. Des Weiteren werden verschiedene Theorien über Rassismus herangezogen, um das breite Spektrum dessen zu verdeutlichen. Nachdem auch eine Abgrenzung zu anderen Begriffen, sowie die Ursachen und Strategien gegen Rassismus dargestellt wurden, wird anhand dieser theoretischen Fundierung eine >>rassismussensible Perspektive<< entwickelt, mit derer ein Handlungsplan zum Erforschen von Rassismus innerhalb der Praxis der Kinder- und Jugendhilfe erarbeitet wird.

Die Anwendung dessen geschieht dann im Kapitel *Die Kinder- und Jugendhilfe für unbegleitete minderjährige Flüchtlinge* und soll demnach den erarbeiteten Handlungsplan der >>rassismussensiblen Perspektive<< auf verschiedene Arbeitsfelder der Kinder- und Jugendhilfe im Umgang mit umF, sowie rechtlichen Bedingungen und weiterer Bezüge einbeziehen. Dabei soll weiterhin auch auf die Situation in Aachen und Nordrhein-Westfalen generell eingegangen werden, um praktische Beispiele darzustellen.

Die Ergebnisse dessen werden schließlich im Kapitel *Schlussbetrachtung und Anregungen* zusammengefasst, sodass ein Überblick über das Vorkommen von Rassismus innerhalb der Kinder- und Jugendhilfe im Umgang mit umF erhalten werden kann und an diesen Ergebnissen orientiert, Anregungen an das Arbeitsfeld in Bezug auf dem Entgegnen von Rassismus gegeben werden können.

2. Unbegleitete minderjährige Flüchtlinge

Das Bundesamt für Migration und Flüchtlinge (im Folgenden: BAMF) fasst generell umF als Personen unter 18 Jahren zusammen, „die ohne Begleitung eines für sie verantwortlichen Erwachsenen in einen Mitgliedsstaat der EU einreisen. Hierzu gehören auch Minderjährige, die nach der Einreise ohne Begleitung zurückgelassen werden" (BAMF 2012, 27). Dabei wird im Verständnis von umF die Einreise durch eine Flucht bedingt. Diese stellt eine Form der Zwangsmigration dar, bei der es sich um eine nicht freiwillige und ungeplante Entscheidung handelt, das Heimatland zu verlassen. Demnach wird eine Flucht durch äußere Umstände erzwungen (vgl. Hargasser 2014, 18). Die Gründe dafür sind neben Krieg zum Beispiel „Vertreibung, Verfolgung, Missbrauch als Kindersoldat, Arbeitszwang aber auch die Hoffnung auf ein besseres Leben oder die Suche nach Bildungsmöglichkeiten" (Espenhorst/Berthold 2010, 291). Im Gegensatz dazu ist die freiwillige Migration dadurch gekennzeichnet, dass die Auswanderung aus persönlichen Gründen erfolgt und demnach im Herkunftsland auch keine Gründe existieren, die eine zwanghafte Ausreise bedingen würden (vgl. Zimmermann 2012, 20).

Der mit der Flucht verbundene Begriff des „Flüchtlings" ist in zwei Weisen zu verstehen. Einerseits im juristischen Sinne zur Beschreibung von Personen, die ein Asylverfahren bereits zum Status eines anerkannten Flüchtlings nach § 16 GG durchlaufen haben. Andererseits auch als Personen, die diesen rechtlichen Status oder einen anderen legalen Aufenthaltsstatus in Deutschland erst anstreben (vgl. Deutscher Caritasverband e.V. 2015). Dabei werden in diesem Kontext beide Weisen mit einbezogen. Zudem hat der Ausdruck „Flüchtling" in Deutschland in den vergangen Jahrzehnten eine „eher negative Konnotation erhalten. Den so Kategorisierten wird zusammen mit unbegleiteten Minderjährigen häufig Asylmissbrauch unterstellt" (Hargasser 2014, 53).

Die Anzahl der Flüchtlinge weltweit ist derzeit stetig steigend. Ende des Jahres 2013 waren zum ersten Mal nach dem zweiten Weltkrieg über 50 Millionen Menschen weltweit auf der Flucht (51,2 Mio.), von denen 50 Prozent Kinder ausmachten (vgl. UNO-Flüchtlingshilfe 2013). Doch auch speziell in Deutschland ist dieser Anstieg deutlich zu bemerken, was die Entwicklungen der Asylzahlen von 2015 des BAMF belegen.

Denn

"Im Berichtsmonat März wurden 28.681 Erstanträge beim Bundesamt verzeichnet. Gegenüber dem Vormonat (Februar: 22.775 Personen) ist die Zahl der Erstanträge um 25,9 % gestiegen. Im Vergleich zum Vorjahr (März 2014: 9.839 Personen) ist eine Steigerung des Monatswertes um 191,5 % zu verzeichnen" (BAMF 2015, 5)

Dabei waren im Bereich von Januar bis März 2015 Kosovo mit 21.105 Erstanträgen, Syrien mit 14.711 Erstanträgen und Albanien mit 6.311 Erstanträgen, die am stärksten vertretenen Herkunftsländer der asylbeantragenden Flüchtlinge (vgl. ebd., 5). Die Asylpolitik in Europa ist durch diesen Anstieg auf Reformen angewiesen. Denn die Folgen von Flucht sind ein humanitäres Problem, welches sowohl die Politik, als auch Ökonomie, Medizin und Soziale Arbeit aktivieren sollte, unterstützende und helfende Maßnahmen zu ergreifen. Dabei sind diese derzeit aber stets nur mangelhaft ausgeprägt (vgl. Lutz 2012, 37f.). Zudem lässt sich feststellen, dass vor allem die Grenzen zu Europa immer weiter ausgebaut werden. Demnach schaffen es vergleichsweise immer weniger Flüchtlinge, den Weg nach Europa über die vielfältigen Hürden zu überwinden. Dabei erhält die 2004 gegründete EU Agentur FRONTEX eine Bedeutung, da sie zur Abwehr von Flüchtlingen an den Außengrenzen der EU dient und als Ziel die Minderung der illegalen Einwanderung besitzt (vgl. Löhlein 2010, 30ff.).

Auch die freudige Ankunft in Deutschland darüber, eine bessere Zukunft zu erhalten, wird schnell mit der Erkenntnis getrübt, dass die Aufnahmegesellschaft eher weniger einladend agiert, so dass viele vielfältige Barrieren vorerst bekämpft werden müssen, was ein verstärktes Gefühl von Fremdheit hervorrufen kann. In Deutschland kann beispielsweise festgestellt werden, dass die Mehrheit der Flüchtlinge, die Asyl suchen, einen unsicheren Aufenthaltsstatus in Form einer Duldung oder Aufenthaltsgestattung erhalten, mit dem einschränkende Maßnahmen einhergehen, die gerade bei umF Hilflosigkeit und Zukunftsängste auslösen und zusätzliche traumatisierende Faktoren darstellen (vgl. Hargasser 2014, 113ff.). Auch Flüchtlinge, die noch im Asylverfahren sind oder bereits abgelehnt wurden, unterliegen bedeutsamen rechtlichen und sozialen Einschränkungen, die

9

zur Abschreckung dienen sollen (vgl. Wirtgen u.a. 2010, 110). Gerade auf umF bezogen lässt sich feststellen, dass insgesamt in den Jahren 2011 und 2012 nur 16 umF in Deutschland den vollen Flüchtlingsstatus nach § 16 GG erhielten und im Jahr 2011 sogar von einer Ablehnung der Asylanträge von umF mit ca. 54% und 2012 ca. 51,4 % auszugehen ist (vgl. ebd., 43). Jedoch ist die Datenlage speziell für umF in Deutschland wenig zufriedenstellend, da das Ausländerzentralregister (AZR) zwar Informationen über das Alter derer erhält, jedoch nicht über familiäre Verbindungen. Demnach kann keine genaue Aussage darüber getroffen werden, wie viele umF genau in Deutschland leben (vgl. DCV 2014, 19).

Zudem wird in den Mitgliedsländern der EU mit umF sehr unterschiedlich umgegangen. Selbst in Deutschland ist dies der Fall, da einige Bundesländer und Kommunen eine hohe Sensibilität für die Lebenslage dieser hegen – andere diese jedoch in kaum einer Weise umsetzen (vgl. ebd., 8). Zwar erhalten umF mit dem Aufenthalt in Deutschland besondere Unterstützung durch die Leistungen der Kinder- und Jugendhilfe im Rahmen des SGB VIII uneingeschränkt bis zum 18. Lebensjahr - wohingegen erwachsenen Flüchtlingen Leistungen des Asylbewerberleistungsgesetz gewährt werden - jedoch gewährleisten diese nicht den vollen Schutz der umF (vgl. Schwarz/Tamm 2010, 38). Denn trotz der sozialen Unterstützungsinstitution der Kinder- und Jugendhilfe kann festgestellt werden, dass das Leben der umF in Deutschland von „Armut, mangelhafter Gesundheitsversorgung, erzwungener Untätigkeit, Schutzlosigkeit, Verlust von Handlungsspielräumen und gesellschaftlicher Ausgrenzung geprägt ist" (Hargasser 2014, 124). Zudem müssen sie Verfahren durchlaufen, in denen ihre Aussagen nicht geglaubt und respektiert werden und sie sich dabei außerdem entwürdigenden Untersuchungen unterwerfen müssen (vgl. Kauffmann 2010, 48). Diese Verhältnisse haben ein besonders hohes Ausmaß auf umF, da sie in einer Lebensphase sind, in der die Persönlichkeitsentwicklung noch nicht abgeschlossen ist und sie sich biologisch und psychisch noch weiterentwickeln müssen (vgl. Hargasser 2014, 9).

Die mangelnde Datenlage bezüglich umF wirkt sich auch darauf aus, dass nicht erfasst ist, wie viele umF momentan Leistungen der Kinder- und Jugendhilfe erhalten, welche Institutionen mit welchen Konzepten im Umgang mit umF arbeiten und welche Erfahrungen diesbezüglich bereits gemacht wurden. Denn auch durch die heterogenen Herkunftsländer scheint eine Standardisierung der Umgangsweisen kaum möglich (vgl. Brinks u.a. 2014, 301). Damit verbunden ist auch, dass es kaum Erkenntnisse darüber gibt, welche Handlungsmöglichkeiten die Soziale Arbeit innerhalb der Jugendhilfe zu umF überhaupt hat und welche als sinnvoll erscheinen (vgl. Stauf 2012, 64).

Doch nicht nur innerhalb der Kinder- und Jugendhilfe zu umF sind Studien und Daten mangelhaft. Auch in Bezug zu Rassismus gibt es kaum Anhaltspunkte zu umF, obwohl diese in Deutschland in erster Linie als Fremde betrachtet werden und demnach eine besonders vulnerable Gruppe für Rassismus darstellen. Trotzdem ist auffallend, dass dieser in Studien kaum erwähnt wird, obwohl er gerade für umF in Bezug auf aufenthaltsrechtliche Bestimmungen einen hohen Einfluss auf das psychosoziale Leben derer, sowie auch auf Zugänge zur Gesellschaft hat. Demnach sind auch Institutionen und ihre MitarbeiterInnen in Rassismusbezügen kaum untersucht (vgl. Hargasser 2014, 116). Zudem wird im Zusammenhang mit umF immer wieder auf eine geforderte Integration angesprochen. Dabei setzt diese bereits eine integrationsfreundliche Gesellschaft und Gesetze voraus, in denen kein Rassismus vorherrscht. Demnach kann Integration auch nur dann ohne Diskriminierung funktionieren, wenn Integration nicht einseitig als Anpassung der umF an eine vermeintliche deutsche „Leitkultur" geschieht (vgl. Kauffmann 2010, 40).

Bereits diese Sachverhalte lassen vermuten, dass der Stand von umF in Deutschland und auch in der Kinder- und Jugendhilfe niedrig und von Benachteiligungen geprägt ist. Demnach soll das Zusammenspiel dessen mit Rassismus untersucht werden. Um jedoch eine genauere Vorstellung von Rassismus erhalten zu können, wird dieser nachfolgend theoretisch fundiert.

3. Rassismus

Durch das thematisierte vorherrschende Abwenden und Verschweigen von Rassismus in der Gesellschaft und dem erläuterten benachteiligten Stand von umF in Deutschland, wird es als wichtig erachtet, vorerst überhaupt zu erläutern, was Rassismus ist und somit in verschiedenen Zusammenhängen zu beleuchten. Dabei werden Rassismus-Theorien dargestellt und auf verschiedenen Ebenen und in diversen Formen erklärt. Zudem wird auf die Ursachen von und Strategien gegen Rassismus eingegangen, sodass aus diesen theoretischen Fundierungen anschließend die für die weiteren Ausführungen relevante >>rassismussensible Perspektive<< herausgearbeitet werden kann.

3.1 Die Determinationen von Rassismus

Da es über Rassismus viele verschiedene Theorien gibt, ist es für die Definition dessen vorerst bedeutsam herauszustellen, welche Merkmale es gibt, die zu einer bewerteten Unterscheidung von Menschen und somit zu Rassismus veranlassen. Dabei gibt es verschiedene Ansätze, die diese Merkmale eng oder weit fassen. Eng gefasst würde sich Rassismus nur auf bewertete Unterschiede zwischen Rassen beziehen, wobei diese erste Determination bereits im Begriff des Rassismus selbst liegt. Dabei haben die Wurzeln des Wortes Rasse ihren Ursprung im späten Mittelalter, obwohl der Begriff des Rassismus erst im 20. Jahrhundert auftauchte (vgl. Zerger 1997, 13). Der Rasse-Begriff ist bereits mit verschiedenen Theorien und Verständnissen verbunden. Miles (2000, 17ff.) zeigt diesen in drei verschiedenen Zusammenhängen auf. Einerseits den Rasse-Begriff in der Biologie (v.a. in der Genforschung) und in den Sozialwissenschaften. Andererseits in der Umgangssprache als Schlüsselelement des Alltagsverstandes. Im biologischen Zusammenhang werden Menschen bzw. Gruppen in Rassen aufgrund phänotypischer und physiologischer Merkmale unterschieden. Dies kann sich auf die Haut- und Haarfarbe, Lippengröße oder der Form und Größe von Nase, Schädel etc. beziehen. Die Sozialwissenschaften gehen dabei – wie auch Miles – davon aus, dass es sich um eine soziale Konstruktion der Wirklichkeit bei der Definition von Gruppen aufgrund phänotypischer und physiologischer Merkmale als Rassen handelt und demnach diese sozial imaginierte Konstruktionen und keine biologischen

Realitäten darstellen (vgl. ebd., 17ff.). Dem fügt Mecheril (2004, 188) hinzu, dass dieser Konstruktionsvorgang in Abhängigkeit der Interessen der Politik und Administration steht. Der Zusammenhang zur von Miles angebrachten Sprache wird nachfolgend (vgl. 3.2.1.1) noch erläutert.

Die biologische Determination der Rasse ist heute etliche Male widerlegt. Für den Rassen-Theoretiker Hall (2000, 7) gibt es beispielsweise keine wissenschaftlich belegte hierarchische Unterteilung der Menschheit in biologisch unterscheidbare Rassen, was für ihn jedoch nicht bedeutet, dass es keine phänotypischen Unterschiede zwischen Menschen gibt.

Die UNESCO versuchte im Jahr 1949 beispielsweise unter dem Einfluss der nationalsozialistischen Rasse-Politik, die biologische Determination durch den Vorschlag, den Rasse-Begriff mit dem Begriff der „ethnischen Gruppen" zu ersetzen, ganz abzuschaffen. Damit sollte ein soziologisches bzw. kulturelles Konzept zur Begegnung der unbestreitbaren Vielfalt von Menschen entstehen (vgl. Palm 2010, 354). Miles (2000, 18f.) hingegen bezieht sich noch auf die biologische Determination, stützt sich jedoch darauf, dass die durch phänotypischen Merkmale unterschiedenen Menschen weitere kulturelle Merkmale besitzen, sodass Rasse eine Determination durch biologische und kulturelle Charakteristika erhält.

Demnach wird deutlich, dass auch Kultur und Ethnie als Determinationen möglich sind, die ein weiter gefasstes Verständnis von Rassismus mit einschließen.

Bei der Determination der Rasse auf kulturelle Merkmale werden nicht biologische, sondern auch kulturelle Unterschiede in Form von „Mentalität, Denk- oder Handlungsweisen, die mit der Zugehörigkeit zu einer bestimmten Kultur als feststehend und unveränderbar imaginiert werden" (Hornscheidt/Nduka-Agwu 2010, 13) unterstellt. Dabei wird meist von einem kritisch zu betrachtenden statischen Kulturbegriff ausgegangen. Denn da Kultur festlegt, was dazu gehört oder eben nicht, werden dynamische, differenzierte Wandlungsprozesse kaum berücksichtigt. Daraus kann die Vorstellung entstehen, dass es Kulturen gebe, die nicht zusammenpassen und sich in einer Gesellschaft nicht gemeinsam etablieren könnten. Dabei werden dann kulturelle Symbole zu Symbolen des Nicht-Dazugehörens gedeutet (vgl. Arndt 2012, 28f). Dieser statische Kulturbegriff beschreibt Kultur demnach in sich geschlossen und wird als unveränderlich betrachtet. Lévi-Strauss geht jedoch davon aus, dass die Vielfalt von Kulturen „viel größer und reicher als alles, was zu kennen uns je vergönnt sein wird" (1972, 12) ist und demnach Kultur kein statischer, sondern ein dynamischer Begriff ist. Er streitet zwar durch die geographischen Entfernungen und bedeutenden Eigenarten des Umfelds nicht ab, dass Menschen unterschiedliche Kulturen hervorgebracht haben, jedoch würde dies nur dann ganz zutreffen, wenn sich jede Kultur isoliert voneinander entwickelt hätte. Seiner Ansicht nach darf die Verschiedenheit der Kulturen nicht gespaltet betrachtet werden, da diese auch in Beziehung zueinander stehen (vgl. ebd., 15). Trotzdem greifen die Rassismus-Theorien auf einen statischen Kulturbegriff zurück, um Begründungszusammenhänge für Handlungen zwischen verschiedenen Gruppen leichter erklären zu können (vgl. Eppenstein/Kiesel 2008, 70). Diese Erweiterung des Rasse-Begriffs auf kulturelle Merkmale fasst Balibar (2000, 110) unter dem Begriff des >>Neo-Rassismus<< oder >>Rassismus ohne Rassen<< zusammen. Demnach wird an die Stelle der Rasse in Bezug auf die Biologie, das Konzept der Kultur gestellt.

Darauf nimmt auch Terkessidis, der in die selbe Richtung wie Miles argumentiert, Bezug. Dass die Unterschiede nicht mehr am Menschen, sondern an kulturellen Umgangsformen festgemacht werden, bedeutet für ihn nämlich „keineswegs das Verschwinden von biologischen Erklärungen. Entstehung, Abgrenzung und Überleben von Kulturen können durchaus biologisch" (1998, 228) determiniert verstanden werden. Dem schließt sich auch Mecheril (2004, 192) an, da für ihn diese „alten" biologischen und „neuen" kulturellen Unterscheidungskriterien heute in Formen des Rassismus vermischt und parallel existieren.

Auch die Determination des Rassismus auf Ethnien bezieht sich auf ein statisches Verständnis. Dabei wird der Begriff „ethnisch" im alltäglichen Sprachgebrauch oft mit „anders" gleichgesetzt. Unterstellungen ethnischer Merkmale beruhen dabei immer auf einer Reduktion der Menschen, was sich auf das Herkunftsland, die Hautfarbe, Religion oder auch Kultur beziehen kann (vgl. Spindler 2006, 60). Da dies die Annahme mit einschließt, dass es „homogene Kulturräume mit einer einheitlichen (genetisch definierten) Abstammung, Geschichte, Religion und Sprache" (Arndt 2012, 632) gebe, lässt dies wiederum keine dynamischen Übergänge zu, sondern stellt ein Instrument zur Erzeugung von statischer Differenz dar.

Bereits der deutsche Nationenbegriff beruht auf der Vorstellung einer ethnisch und kulturell homogenen Gesellschaft. Dabei wird diese deutsche Selbstzuschreibung durch die Anwesenheit von AusländerInnen/Flüchtlingen in Frage gestellt (vgl. Winter 2004, 15). Die Thematisierung von Kultur wird zumeist auf die Herkunft-kultur bezogen, „in denen „Die Deutschen" oder „Die Ausländer" bzw. einzelne national, religiös oder sprachliche identifizierbare Gruppen als „So-Seiende" kul-turell codiert und auf entsprechende Eigenschaften festgelegt werden" (Eppen-stein/Kiesel 2008, 70). Daraus entstehen demnach natio-ethno-kulturelle Zugehö-rigkeiten, die auf nicht zu veränderbaren Merkmalen festgeschrieben werden, die Differenz betonen (vgl. ebd., 83). Denn anlehnend an Mecheril (2004, 22) wird bei der Vorstellung von Deutschen, AusländerInnen oder auch Flüchtlingen meis-tens nicht nur abgegrenzt von Unterschieden der Kultur, Herkunft (Nation) oder Ethnizität gesprochen, sondern von einem Zusammenspiel derer.

Diese natio-ethno-kulturelle Determination verweist auf eine hierarchische Ord-nung in Bezug auf die Zugehörigkeit, „die in privilegierte, als deutsch (oder die Staatsangehörigkeit des jeweiligen Landes) [...] geltende Zugehörige auf der einen Seite und in benachteiligte oder ausgegrenzte [...] nicht deutsch geltende" (Melter 2012, 18) unterscheidet.

Noch weiter gefasst können auch die sexuelle Orientierung, sowie das Geschlecht, eine Behinderung oder das Alter als Grundlage für Rassismus betrachtet werden, was in diesem Kontext aber weniger berücksichtigt wird (vgl. Graupner 2012, 32).

Zusammenfassend kann sich Rassismus demnach auf die Abwertung einer Gruppe von Menschen herangezogen an vermeintlichen Unterschieden rassischer, kultu-reller, ethnischer oder natio-ethno-kultureller Zuschreibungen beziehen. Aus die-sem Grund werden im weiteren Verlauf bei einer rassischen Unterscheidung auch die weiteren Determinationen mit einbezogen. Diese Determinationen fasst Zerger (1997, 28) als Nutzen für ein Klassifikationsschema zur Einteilung der Mensch-heit zusammen, um die Welt zu ordnen, berechenbar und beherrschbar zu machen.

3.2 Rassismus-Theorien

Die zuvor benannten Determinationen, in denen es um bewertete Differenzen im Wesentlichen geht, sind die Grundlagen für Rassismus. Da diese jedoch bereits mit verschiedenen Theorien behaftet sind, wird verständlich, dass auch die Definition des Rassismus aufgrund seiner Vielschichtigkeit schwierig ist. Dies liegt auch an der Tatsache, dass sich die Vorstellungen darüber je nach historischem Kontext ändern. Diese historische Festlegung des Rassismus bezieht auch Hall ein, der davon ausgeht, dass Rassismus

> „historisch spezifisch ist, je nach der bestimmten Epoche, nach der bestimmten Kultur, nach der bestimmten Gesellschaftsform […]. Wenn wir über konkrete gesellschaftliche Realität sprechen, sollten wir also nicht von Rassismus, sondern von Rassismen sprechen" (2000, 11).

Für ihn hat der rassistische Diskurs eine eigentümliche Struktur, da er zwei binär entgegengesetzte Gruppen konstruiert. Die Gruppe, welche rassistisch ausgeschlossen wird, weist dann das Gegenteil der Tugenden auf, welche die Mehrheitsgesellschaft auszeichnet. Demnach geht er z.B. davon aus, dass wenn >>Wir<< rational und kultiviert sind, die >>Ausgeschlossenen<< irrational und primitiv sein müssten. Genau diese Spaltung in binäre Gegensätze ist für ihn das Entscheidende beim Rassismus, wobei eine konstruierte Differenz geschaffen wird (vgl. ebd., 14). Auch Mecheril bezieht diese konstruierte Differenz mit ein, da für ihn Rassismus eine Praxis ist, „die von einem symbolischen Schema der hierarchischen oppositionellen Unterscheidung [zwischen >>Uns<< und den >>Anderen<<] getragen wird und mit Mitteln verknüpft ist, diese Unterscheidungen praktisch wirksam werden zu lassen" (2004, 187).

Nach Miles (2000, 24ff.) unterscheiden sich Rassismen durch die verschiedenen Gruppen als Objekte des Rassismus, den Differenzen zwischen diesen und den einer Gruppe zugeschriebenen Merkmalen. Dabei wird die Abwertung der >>Anderen<< immer durch die vermeintlichen Unterschiede (rassisch, ethnisch, kulturell oder natio-ethno-kulturell) legitimiert. Demzufolge tritt Rassismus bereits auch als weniger zusammenhängende konstruierte Sammlung von Stereotypen, Vorurteilen und Zuschreibungen auf.

Darüber hinaus sind die Ausschließungspraxen, welche in fast jeder Rassismus-Theorie aufgefasst werden, ein bedeutender Teil von Rassismus. Für Miles (2000, 23) bedeuten diese die Benachteiligung einer bestimmten Gruppe von Ressourcen und Dienstleistungen in einer Gesellschaft. Da diesen Ungleichheiten Prozesse zur Unterscheidung zwischen Menschen über ihren Wert und ihrer Berechtigung vorausgehen müssen – was eine Differenz impliziert – können demnach begrenzte Ressourcen als Ausgangspunkt für Rassismus betrachtet werden. Rassistische Ausschließungspraxen beziehen sich demnach nach Miles zusammenfassend auf vorsätzlich geschaffte Strukturen der Ungleichheit zwischen >>Uns<< und den >>Anderen<<. Dies konkretisiert Hall (2000, 14) weiterhin noch damit, dass diese Ausschließungspraxen nicht nur dazu dienen würden, bestimmten Gruppen Zugänge zu materiellen und kulturellen Ressourcen zu verhindern, sondern diese auch symbolisch aus der Gemeinschaft der Nation auszuschließen. Auch Osterkamp (2000, 60) bezieht sich auf Ausschließungspraxen in Bezug zu Rassismus, indem sie die Ausgrenzung bestimmter Gruppen nicht primär auf ihre Fremdartigkeit bezieht, sondern diese für sie dazu benutzt werden, um die eigenen Chancen an der Beteiligung zu sichern.

Mit den Ausschließungspraxen ist auch der Rassismus als Ideologie verbunden. Denn für Hall entstehen beispielsweise rassistische Ideologien „immer dann, wenn die Produktion von Bedeutungen mit Machtstrategien verknüpft sind und diese dazu dienen, bestimmte Gruppen vom Zugang zu kulturellen und symbolischen Ressourcen auszuschließen" (2000, 7). Auch Zerger (1997, 169) definiert Rassismus als eine ideologische Erscheinung, die gesellschaftsstrukturell als eine Erscheinung von Ein- und Ausgrenzung auftritt und eine wichtige identitätsstiftende Funktion auf individueller und gesellschaftlicher Ebene einnimmt. Für ihn ist auch der Machtaspekt von großer Bedeutung, der bei den Ausschließungspraxen hinzugenommen werden muss. Demnach stellt Rassismus für ihn zusammenfassend

> „nicht nur eine Legitimationsstrategie für eine bestimmte Form der Machtausübung in Strukturen sozialer Ungleichheit dar, sondern kann allgemeiner auf ideologische Formen angewendet werden, deren machtabhängige Wirksamkeit im konkreten Einzelfall untersucht werden muß" (ebd., 83).

Für Miles (2000, 24) ist Rassismus als Ideologie durch folgenden Gehalt bestimmt: Einerseits, dass bestimmte biologische Merkmale eine Bedeutung erhalten, die dadurch zum Erkennungs-Merkmal verschiedener Gruppen werden, bei denen der Status und die Herkunft so als faktisch und nicht veränderbar dargestellt werden. Andererseits, dass die dargestellte Gruppe auch weitere bewertete biologische und kulturelle Merkmale beinhalten muss und demnach so dargestellt wird, als würde dies negative Folgen für andere nach sich ziehen.

Auch Efferding betrachtet den Rassismus als eine Ideologie, die dann wichtig wird, „wenn gesellschaftliche Probleme auftreten, für deren Lösung die Menschen auf derselben Ebene keine Lösung haben" (2000, 43).

Dabei sind die zwei wichtigsten Ideologien, die mit dem Rassismus verknüpft sind, der Sexismus (Unterschiede des Geschlechts) und der Nationalismus (Unterschiede zwischen Nationalstaaten), da auch diese beiden auf Grundlage einer Bedeutungskonstitution entstehen und demnach als Argument für Ausschließungspraxen benutzt werden können (vgl. Miles 2000, 30).

Die Rassismusdefinition von Memmi gilt als die klassische und wird häufig als die Grundlegende eingestuft. Dabei versteht er Rassismus als die „verallgemeinerte und verabsolutierte Wertung tatsächlicher oder fiktiver Unterschiede zum Nutzen des Anklägers und zum Schaden seines Opfers, mit der seine Privilegien oder seine Aggressionen gerechtfertigt werden sollen" (1992, 100). Demnach bezieht er noch eine andere Sichtweise mit ein, da Rassismus für ihn eine Form von Aggression darstellt und die Angst für ihn im Vordergrund steht, eigene Ressourcen zu verlieren, was zur Verteidigung von Vorteilen führt (vgl. ebd., 106).

3.2.1 Formen und Ebenen des Rassismus

Rassismus kann in verschiedenen Formen auf unterschiedlichen Ebenen auftreten. Einerseits in der Gesellschaft auf der institutionellen und strukturellen Ebene. Dabei beschreibt Osterkamp (1997, 95) institutionellen Rassismus damit, dass Handlungen und Denkmuster nicht nur eine Angelegenheit von einzelnen Haltungen von Individuen sind, sondern im Geflecht des ganzen gesellschaftlichen Zusammenlebens existieren, dass die Zugehörigen der eigenen Gruppe geplant und strukturiert gegenüber der Nicht-zugehörigen Gruppe bevorzugt.

Dies kann bereits auf die vorher dargestellten Ausschließungspraxen übertragen werden. Miles (2000, 27) konkretisiert institutionellen Rassismus damit, dass dieser vorherrscht, wenn durch einen rassistischen Diskurs Ausschließungspraxen entstanden sind, die diesen zwar voraussetzen, jedoch nicht mehr explizit mit diesem gerechtfertigt werden. Andererseits auch dann, wenn ein ausdrücklicher rassistischer Diskurs so modifiziert wurde, dass der offene rassistische Gehalt durch andere Worte eliminiert wurde, aber der eigentliche Sinn weiter transportiert wird. Bei beiden Formen wird der rassistische Diskurs nicht ausgesprochen, aber bleibt in den Ausschließungspraxen enthalten. Demnach bezieht sich institutioneller Rassismus nach Miles nur dann auf Ausschließungspraxen, wenn diese durch einen nun nicht mehr existierenden rassistischen Diskurs begründet oder angekurbelt wurden und daher diese Praxen institutionalisiert wurden.

Terkessidis (1998, 210ff.) nimmt zur Beschreibung des institutionellen Rassismus die Kultur hinzu, da dieser davon ausgeht, dass innerhalb einer Kultur die Einheit der Institutionen erklärt und legitimiert werden würden. Dabei dürfen die >>Anderen<< ihren Platz darin nicht finden. Denn zum Einen richtet Kultur allerorts informelle Grenzen zwischen >>Uns<< und den >>Anderen<< auf. Zum Anderen werden die >>Anderen<< Teil dieser Sinneswelt durch konstruierte Abweichung. Für ihn bezieht sich dies auf sogenannten Ausschluss durch Einbeziehung in die Gesellschaft, welchem die Aufrechterhaltung der Differenz zu Teil wird. Daher sind die vielen Orte, in denen Differenz hervorgebracht wird, nicht Ergebnis einer zentralen Instanz, sondern werden durch uneinheitliche institutionelle Ensembles, welche den Menschen verschiedenartige Handlungsalternativen verwehren, gebildet.

Für Mecheril (2004, 197f.) weist der Mechanismus des institutionellen Rassismus darauf hin, dass zwischen bestimmten Gruppen auf benachteiligender Art unterschieden wird, welche den Institutionen genügt und demnach diese nicht auf rassistische Denkmuster von einzelnen Individuen angewiesen sind. Denn die Institutionen wirken als ein Rahmen, in dem Rassismus ausgeübt werden kann und deren Strukturen rassistische Denkmuster in individuelles Tun leicht transformieren können.

Auf der strukturellen Ebene zeigt sich Rassismus gerade dann, wenn er unbewusst ist. Demnach empfinden durch Rassismus Privilegierte diesen oftmals als Normalität, da er unauffällig und angenommen ist (vgl. Hornscheidt/Nduka-Agwu 2010, 35). Dies betrifft beispielsweise jene Formen von Rassismus, „die die Betroffenen nicht direkt verbal oder körperlich, sondern aufgrund behördlicher Maßnahmen (Willkür, Vereitelungen von Rechten, Unterlassungen von Hilfeleistungen u.ä.m.) diskriminieren" (Beckmann 1997, 214).

Außerdem kann Rassismus auf der Ebene der Individuen agieren. Individueller Rassismus kann auch als interaktiver Rassismus auf der Mikroebene betrachtet werden. Nach Zerger (1997, 88) steht dieser im gesellschaftlichen Kontext in enger Verbindung zum ideologischen Rassismus und dem makrostrukturellen Phänomen des institutionellem Rassismus. Er geht von individuellen Personen aus und zeigt sich durch rassistische Diskriminierungen in Bezug auf „Erniedrigungen, Verächtlichmachung, Bedrohung, Beleidigung und Beschimpfung wie sie alltäglich auf der Straße, im öffentlichen Personenverkehr, in der Schule, im Wohnumfeld [...] und in besonderer Weise das Lebensgefühl" (Berger 2002, 41) von rassistisch Diskriminierten, beeinträchtigen. Durch den Bezug zum Alltäglichen wird der individuelle Rassismus oft auch als Synonym des Alltagsrassismus benutzt. Dieser bezeichnet die Gesamtheit von Vorurteilen, Stereotypen und negativen Denkmustern, sowie diskriminierende Handlungen gegen rassisch, ethnisch, kulturell oder natio-ethno-kulturell unterschiedenen Gruppen. Die Elemente des rassistischen Diskurs, welche auf der ideologischen Ebene produziert werden, treffen dabei mit den spezifischen Wahrnehmungen im Alltag einzelner Menschen zusammen (vgl. Zerger 1997, 88). Dabei besagt Leiprecht (2001, 2), dass der Begriff des Alltagsrassismus darauf aufmerksam macht, dass es auch alltägliche und einfache, aber mit weitreichenden Konsequenzen verbundene Konstruktionen von >>Uns<< und den >>Anderen<< gibt. Diese kennzeichnen die in der Mehrheitsgesellschaft alltäglichen Rassismen, welche „subtil, unauffällig, verdeckt und latent sein können" (ebd.). Dabei handelt es sich nicht zwangsläufig um bewusst gewollte Prozesse, sondern vielfach auch um Handlungen innerhalb bestimmter Strukturen, die unbewusste rassistische Konsequenzen nach sich ziehen (vgl. ebd.).

20

3.2.1.1 Rassismus und Sprache

Bereits zu Anfang wurde unter Berücksichtigung von Miles (2000) auf die Sprache in Bezug zum Rasse-Begriff hingewiesen (vgl. 3.1). Den Zusammenhang dessen formulieren Horscheidt und Nduka-Agwu treffend, da in ihrer Definition >>Rassen<< nicht ohne rassistische Zuschreibungen und Konstruktionen existieren und diese demnach „eine v.a. über sprachliche und visuelle soziale Handlungen geschaffene und immer wieder re_Produzierte Form der bewerteten Klassifizierung von Personen" (2010, 13) darstellen. Auch für Zerger (1997, 170) ist Sprache eine der wichtigsten Komponenten, um Rassismus zu reproduzieren. Dies bezieht sich nicht nur auf die medial vermittelte gesellschaftliche Kommunikation, sondern vor allem auch auf Alltagsgespräche.

Sprache lässt sich in verschiedenen Dimensionen ausdrücken. Sowohl als direktes Ansprechen eines Interaktionspartners oder beim Sprechen oder Schreiben über etwas, dass sich auf Personen oder Sachen beziehen kann und für sich selbst oder größere Gruppen gedacht ist. Auch wenn sich Kommunizierende nicht darüber bewusst sind, impliziert jede Sprachsituation ein Handeln, da somit immer eine Vorstellung über die Realität konstruiert wird. Nach Hornscheidt und Nduka-Agwu (2010, 29f.) reproduziert Sprache normalisiertes Wissen, was bedeutet, dass über das sprachlich erzeugte Wissen Identitäten aufgerufen, reproduziert und verändert werden. Demnach schaffen sprachliche Bezeichnungen durch ihre Konstruktionen Vorstellungen über Identitäten. Durch die dauernde Benutzung von bestimmten Bezeichnungen wird daher immer eine Auswahl, die von Stereotypen und Zuschreibungen, sowie machtvollen Bildern geprägt ist, getroffen. Demnach ist Sprache dazu fähig >>Andere<< rassistisch zu diskriminieren, indem sie die Angesprochenen sprachlich nicht so erstellt, wie „sie es sich wünschen bzw. sie sich durch die Wortwahl ignoriert, ausgeschlossen oder herausgehoben und negativ bewertet fühlen" (ebd., 30). Um herauszufiltern, wann ein Sprachgebrauch rassistisch ist, müssen stets die Macht- und Sprechpositionen reflektiert werden. Dabei ist es weiterhin bedeutsam, die gesellschaftlichen Kontexte kritisch mit einzubeziehen (vgl. ebd., 34). Ein Beispiel zum Zusammenhang zwischen Rassismus und Sprache bezieht sich darauf, MigrantInnen als AusländerInnen zu titulieren, da damit impliziert wird, dass diese nicht zugehörig, sondern ausgeschlossen sind (vgl.

21

Winter 2004, 24).

Eine bedeutende Tatsache ist auch, dass Rassismus nicht erst dann auftritt, wenn er von den rassistisch Diskriminierten durch Sprache so bezeichnet wird. Denn Rassismus kann sich bereits in Form von Ignoranz in Bezug auf ein Nicht-Hinsehen/-Hören, (Ver-)Schweigen und Verhehlen von Privilegierten äußern (vgl. Hornscheidt/Nduka-Agwu 2010, 39).

3.2.1.2 Sekundärer Rassismus

Anschließend an den zuvor benannten Rassismus durch Ignoranz und Nichtbeachten kann der Begriff des sekundären Rassismus nach Melter (2007, 120) angebracht werden. Diesen definiert er als Verleugnen und Herabschwächen von Rassismus, was mit einer Verantwortungsdelegation an die rassistisch Diskriminierten verbunden ist. Nach Melter werden dabei keine offenen Abwertungen getätigt, jedoch ist für ihn die fehlende Verantwortungsübernahme für institutionellen, strukturellen und individuellen Rassismus, ein Anzeichen für sekundären Rassismus. Demnach wird die Bedeutsamkeit von Rassismuserfahrungen kaum beachtet, sodass sich mit dem Thema nicht aktiv auseinandergesetzt wird. Somit tritt sekundärer Rassismus zusammenfassend dann auf, wenn Rassismus nicht thematisiert „in seiner Alltäglichkeit und institutionellen Verankerung nicht wahrgenommen, individualisiert, naturalisiert, pathologisiert oder als quasi unumgängliche Folge der allgemeinen wirtschaftlichen Rezession dargestellt" (ebd.) wird.

Den sekundären Rassismus seitens PädagogInnen als Haltung beschreibt Melter unter mehreren Gesichtspunkten:

- „die Abwehrhaltung gegenüber der Möglichkeit, dass Formen von Alltagsrassismus aktuell im konkreten Lebensumfeld des Jugendlichen bedeutsam sein könnten bzw. bedeutsam sind;

- das Negieren, dass es sich bei bestimmten Ereignissen und Konstellationen, mit denen die Jugendlichen konfrontiert sind, um Rassismus gehandelt haben könnte;

- das Bestreiten der Notwendigkeit, mit den Jugendlichen über Rassismuserfahrungen und Zugehörigkeitsfragen zu kommunizieren;

- das Leugnen der eigenen professionellen Verantwortung, sich mit Formen des alltäglichen Rassismus auseinander zu setzen" (ebd., 123).

3.3 Ausländer- und Fremdenfeindlichkeit

Betrachtet man den Rassismus in der heutigen deutschen Gesellschaft, ist auffallend, dass dieser wörtlich im Alltag kaum eingesetzt wird. Um rassistische Diskriminierungen zu thematisieren, wird meist von „Ausländerfeindlichkeit" oder „Fremdenfeindlichkeit" gesprochen. Diese unterscheiden sich jedoch zum Rassismus durch ihre verschiedenen Schwerpunkte. Ausländerfeindlichkeit lässt die Tatsache außer Betracht, dass auch Inländer Fremde darstellen können, was sich beispielsweise auf homosexuelle Menschen bezieht. Denn diese spielt lediglich auf die Ablehnung von Menschen ohne deutschen Pass an. Fremdenfeindlichkeit hingegen lässt sich als deskriptiven Begriff für von Einzelnen benutzte rassistische Denk- und Verhaltensweisen beschreiben, bei denen die analytische Dimension von strukturellem Rassismus nicht mit einbezogen wird (vgl. Winter 2004, 23f.). Demnach kommt bei der Fremdenfeindlichkeit auch die Thematisierung zwischen der machtvollen wichtigen Unterscheidung im Rassismus zwischen >>Wir<< und den >>Anderen<< nicht zum Tragen (vgl. Mecheril 2004, 185).

3.4 Ursachen von Rassismus

Bei der Erläuterung von Rassismus ist es wichtig darzustellen, warum dieser überhaupt existiert. Neben der übergeordneten Erklärung dessen in der Befürchtung vor „Enttraditionalisierung, soziale[r] Deklassierung, Orientierungslosigkeit und Werteverlust" (Winter 2004, 21) gibt es weitere unterschiedliche Ansätze, die versuchen, die Ursachen von Rassismus zu analysieren. Verhaltenswissenschaftliche Ansätze, die sich im Schnittfeld von Biologie und Psychologie befinden, erklären Rassismus beispielsweise als natürliche/anthropologische Abwehrreaktion gegen das Fremde. Dabei wird davon ausgegangen, dass dies aufgrund der biologischen Ausstattung der Menschen geschieht (vgl. Mecheril 2004, 182).

Der psychoanalytische Ansatz hingegen bestimmt die Ursachen von Rassismus in der Angst vor der Vermischung mit den >>Anderen<<. Terkessidis (1998, 214ff.) geht beispielsweise davon aus, dass das >>Wir<< nur durch den Ausschluss der >>Anderen<< existiert. Die Angst wird durch die Bedrohung produziert, dass die Häufigkeit der >>Anderen<< zu sehr zunimmt und somit ein Chaos/Zivilisationsverlust auftreten könnte. Demnach erleben sich die Privilegierten durch die >>An-

deren<< als eine Einheit, sodass die >>Anderen<< demzufolge zur Selbsterkennt-
nis des Eigenen nützlich sind. Dies hat nach Terkessidis jedoch zur Folge, dass die
Anwesenheit der >>Anderen<< stets das Eigene gefährdet. Dem entgegnen
>>Wir<< aber damit, dass immer dann, wenn Institutionen die >>Anderen<<
durch Einbeziehung ausgeschlossen werden, auch die >>Anderen<< den Preis für
die Angst der Privilegierten bezahlen müssen (vgl. ebd.).

Auch Hall (1994, 114) schließt sich diesem psychoanalytischen Ansatz an, indem
er davon ausgeht, dass die Konstruktion der >>Anderen<< dazu da ist, die eigene
Identität zu erstellen und demnach Identifikationen zu sichern. Weiterhin bezieht
er noch den Kulturaspekt mit ein, da für ihn die Ursache des Rassismus auch in
der Angst vor kultureller Verschmutzung liegt. Memmi fasst dies passend und verständlich darin zusammen, dass die Unversehrtheit der Einheit, welche als bedroht
erscheint, gegen alles nicht Zugehörige und von außen Kommende verteidigt werden muss. Dabei zwingt diese Verteidigung jedoch eine Offensive (in Form von
Rassismus), sowie umgekehrt. Wenn die eigene Gruppe selbst angreift, muss diese
auch damit rechnen, Rückschläge zu verzeichnen. Dabei „nährt Angst die Angst
und Aggression die Aggression. Wie man sieht, ist die Behauptung der Rasse ein
Mittel zu dieser Behauptung des Ichs" (1992, 100).

Des Weiteren können gruppenpsychologische Forschungen als Deutung der Ursa-
che einbezogen werden, die davon ausgehen, dass sich Menschen verschiedenen
Kategorien zuordnen bzw. zugeordnet werden und demnach Teilhabe in einer
Gruppe erhalten. Dadurch beginnen diese, den Mitgliedern der eigenen Gruppe
Vorteile zu verschaffen und die fremden Gruppen zu benachteiligen (vgl. Mecheril
2004, 183).

Zerger (1997, 169) nimmt bei den Ursachen und der (Re-)Produktion rassistischer
Denkmuster auch den Ansatz des Sozialisationsprozesses hinzu. Dabei geht er davon aus, dass rassistische Denkmuster durch gesellschaftliche Diskurse vermittelt
und im Alltag weiter reproduziert werden. Bezüglich der Sozialisationsfaktoren
bezieht er diese nicht nur als Ergebnis kognitiver Prozesse mit ein, sondern sucht
die Ursachen rassistischer Denkmuster auch in der Persönlichkeitsentwicklung.

3.5 Strategien gegen Rassismus

Da nun bereits auf das Phänomen von Rassismus eingegangen wurde, stellt sich die Frage, wie diesem entgegengegangen werden kann. Dabei wird sich auf den Antirassismus als Gegnerschaft zum Rassismus oft berufen, um Strategien gegen den Rassismus zu beschreiben. Die Ansätze dessen versuchen gegen die bewertenden Unterteilungen der Menschen und gegen die Vorstellung der biologisch existierenden Rassen vorzugehen. Dies stellen zum Beispiel Interventionen auf der strukturell-institutionellen Ebene des Rassismus dar, was sich auf Kämpfe gegen rassistische Bezeichnungen bezieht oder mit Interventionen gegen rassistische Übergriffe gewährleistet werden soll. Auch sind interkulturelle Trainings, welche Vorurteile und Informationen lokalisieren, Teil dessen (vgl. Kaldrack/Pech 2011, 229f.). Beruft man sich bei den Ursachen von Rassismus auf den Sozialisationsprozess, schlägt Ehmann (2002, 237f.) beratende Maßnahmen und politische Bildung vor, die das ganze soziale Umfeld mit einbeziehen und methodisch-didaktisch Interkulturelles Lernen, Toleranz- und Menschenrechtserziehung beinhalten. Mecheril weist bei antirassistischen Strategien auf konkretere Maßnahmen hin, die sich beispielsweise auf das Bewusstwerden und die Reflexion der eigenen Identität (anschließend an Hall (2000) (vgl. 3.4)), den

> „Wechsel auf übergeordnete Gruppenkategorien (etwa: von >>Wir Türken<< und >>Wir Deutschen<< zu >>Wir im Stadtviertel<<), Aufklärung und Information [...] und schließlich auch Erziehungsformen, die sich als Erziehung nicht autoritätsgläubiger und nicht unterwürfiger Menschen verstehen" (2004, 183),

beziehen. Auch Zerger (1997, 7) schlägt bei antirassistischen Maßnahmen und Strategien erst eine Erklärung des Begriffs von Rassismus, sowie die Analyse von Ursachen vor und setzt diese den angreifenden Maßnahmen und Strategien voraus. Auf Rassismus als Ideologie bezogen, ist es nach Winter (2004, 8) bei antirassistischen Strategien eine Voraussetzung, an Diskursen anzugreifen und sich einzumischen. Dies bezieht er auch auf das Durchbrechen der in der Gesellschaft vorherrschenden ethnischen Schichtung und Segregation, was auch Miles (2000, 26) verfolgt, indem die Veränderung von gesellschaftlichen Verhältnissen für ihn wichtiger ist, als rassistisch Diskriminierende in ihrem >>Unrecht<< zu belehren. Auch Terkessidis (1997, 262) fordert eine generelle Umstrukturierung, die sich jedoch vor allem auf Institutionen bezieht, um gegen Rassismus vorzugehen. Trotzdem ist dies für ihn eher aussichtslos, da alle Maßnahmen, in denen der Ausschließung durch Einbeziehung entgegengewirkt wird, paradoxen Wirkungen unterlegen sind. Denn diese Maßnahmen führen oftmals weiterhin zu einer Betonung bestimmter Merkmale der Andersheit von bestimmten Gruppen, da nur diese Merkmale den Zugang zu solchen Maßnahmen erhalten. Und genau dieser Aspekt ist für Mecheril der Kritikpunkt des Antirassismus, da für ihn Rassismus nicht einfach überwunden werden kann und „antirassistische Praxen immer auch an rassistische Logiken anschließen" (2004, 180). Demnach schlägt er vor allem für pädagogisches Handeln vor, von rassismuskritischen, anstatt antirassistischen Perspektiven zu sprechen (vgl. ebd., 205). Dabei kann Rassismuskritik als die Kunst verstanden werden, sich nicht von rassistischen Einstellungen, Handlungsmuster oder Erfahrungsformen regieren zu lassen. Demnach wird davon ausgegangen, dass rassistische Formen jeden Menschen auf verschiedene Arten beeinflussen, lenken und regieren. Das Konzept der Rassismuskritik enthält darauf eingehend also Reflexionen über Machtaspekte und des Ich's in Bezug auf die individuelle, strukturelle und institutionelle Ebene. Dabei wird jedoch auch die Reflexion über Kulturen mit einbezogen (vgl. Scharathow 2009, 14f).

Grundsätzliche Züge einer rassismuskritischen pädagogischen Perspektive nach Mecheril sind dabei „Mehr (Verteilungs-)Gerechtigkeit, Antirassistische Performanz, Vermittlung von Wissen über Rassismus, Thematisierung von Zugehörigkeitserfahrungen, Reflexion rassistischer Zuschreibungsmuster, Dekonstruktion binärer Schemata" (2004, 206). Generell beziehen sich rassismuskritische Reflexionen in pädagogischen Zusammenhängen auf die Ebene der Institutionen und des professionellen Handelns, als auch auf den Habitus der Professionellen (vgl. ebd., 210).

Zusammenfassend lässt sich herausstellen, dass sowohl in der Tradition des Antirassismus, als auch in der daraus anschließend entwickelten rassismuskritischen Perspektive, das Bestreben, rassistische Strukturen sowie Handlungen kritisch zu hinterfragen und diese abzuwenden oder zumindest zu schwächen, grundlegend ist (vgl. Scharathow 2009, 15).

3.6 Rassismussensible Perspektive

Durch die aufgezeigte Vielfältigkeit von Rassismus ist es ein Anliegen, einen leitenden Handlungsplan zu entwickeln, der es zulässt, die Theorie des Rassismus mit der Praxis zu verknüpfen. Demnach soll anhand der zuvor dargelegten Fundierung eine >>rassismussensible Perspektive<< erarbeitet werden. Dieser Ausdruck setzt sich aus drei unterschiedlichen Worten zusammen, was demnach auch verschiedene Aussagen impliziert. (1.) Rassismus, (2.) Sensibel und (3.) Perspektive. Diese sollen folgend erläutert und in Zusammenhang gebracht werden.

(1.) Rassismus:

Durch die bereits thematisierten verschiedenen Verständnisse von Rassismus sollen nun die für diese Ausführungen als wichtig erachteten Merkmale benannt werden. Dies erfolgt chronologisch zu den zuvor erarbeiteten Aspekten. Demnach wird nicht nur die Differenz von Menschen in Bezug auf >>Rassen<< dem Rassismus zugrunde gelegt (vgl. Miles 2000), sondern auch die (negative und positive) Unterscheidung ethnischer und kultureller Eigenschaften bzw. Umgangsformen, sowie das Zusammenspiel derer in der natio-ethno-kulturellen Determination, die als statisch betrachtet werden und Individuen auf diese reduzieren (vgl. Terkessidis 1998/Mecheril 2004) (vgl. 3.1). Um die Rassismus-Theorien in ihren Kernpunkten zusammenzufassen, wird anlehnend an die Ausführungen (vgl. 3.2) folgend eine eigene Rassismus-Definition festgelegt:

> Rassismus ist die Konstruktion einer Differenz zwischen >>Uns<< und den >>Anderen<< anhand vermeintlicher Unterschiede (biologisch, ethnisch, kulturell oder natio-ethno-kulturell), welche eine machtvolle und bewertende Hierarchie zwischen diesen Gruppen beinhaltet, die diese Unterscheidung legitimiert und die in der Praxis durch vielfältige Diskriminierungen bewältigt werden kann.

Des Weiteren besteht Rassismus in verschiedenen Formen auf verschiedenen Ebenen. Insgesamt kann Rassismus implizit und demnach subtil, versteckt oder auch explizit, also offen, verbal, körperlich und systematisch stattfinden. Dabei wird die institutionelle Ebene zusammenfassend darin beschrieben, dass Rassismus von teils unabhängigen Organisationen stattfindet und anschließend an Terkessidis (1998) in Form von Ausschluss durch Einbeziehung praktisch umgesetzt werden

27

kann, wobei dieser einen Rahmen für individuellen Rassismus zulässt. Struktureller Rassismus geschieht auf der Ebene der Behörden durch willkürliche Diskriminierungen und Hilfeunterlassungen, die oft unbewusst sind. Dem entgegen bezieht die individuelle Ebene Einzelpersonen mit ein, die Rassismus im Alltag durch unterschiedliche Denkmuster und Taten ausüben, die weder bewusst noch offensichtlich sein müssen (vgl. 3.2.1). Dabei ist auf allen Ebenen zu beachten, dass Rassismus sich vor allem in Form von Sprache verfestigt und produziert. Zudem stellt der sekundäre Rassismus eine Form von Rassismus dar. Des Weiteren kann Rassismus zusammenfassend zur Ausländerfeindlichkeit darin abgegrenzt werden, dass diese nicht auch Deutsche als Fremde darstellt und zur Fremdenfeindlichkeit, indem keine strukturelle und machtvolle Differenz zwischen >>Uns<< und den >>Anderen<< erzeugt wird (vgl. 3.3). Aus den Ursachen des Rassismus lassen sich zentral die durch die Sozialisation reproduzierten Einstellungen in Bezug zur Identität, sowie vor allem in der Sicherung der eigenen Identität, der Angst vor Vereinheitlichung mit den >>Anderen<< und der Gewährung eigener Vorteile bezüglich Ressourcen herausstellen. Dabei liegen diesen der verhaltenswissenschaftliche, psychoanalytische und gruppenpsychologische Ansatz zugrunde (vgl. 3.4).

(2.) <u>Sensibel:</u>

Sensibel bedeutet vor allem ein feinfühliger Umgang mit Rassismus, was in erster Linie ein Bewusstsein für diesen voraussetzt. Dieses Bewusstsein kann mit der bereits dargelegten Thematisierung von Rassismus in Bezug auf verschiedene Merkmale bedient werden. Dabei spiegelt sich die Sensibilität und das Bewusstsein vor allem im Erkennen von Rassismus und dessen Übertragung auf die Praxis wider. Anhand der Zusammenfassung von Rassismus ((1.)) kann diesbezüglich ein konkreter Handlungsplan für die Anwendbarkeit auf die Praxis der Kinder- und Jugendhilfe abgeleitet werden. Dabei ist jedoch zu berücksichtigen, dass beim Praxistransfer durch nicht gegebene Informationen zum Sachverhalt oder Wiederholungen nicht stets jeder dieser Schritte eingebunden wird, sodass der Fokus auf den ersten beiden Schritten liegt. Des Weiteren wird der letzte Schritt in seiner Anwendung erst mit dem Fazit der vorliegenden Ausführungen eingeleitet, um die Gesamtheit der Kinder- und Jugendhilfe zu überblicken.

1. Erkennen und Determinieren

Der erste Schritt im Handlungsplan erfolgt nach der Fragestellung, ob Rassismus anhand einer zu erkennenden machtvollen und hierarchischen Differenz existiert. Dabei soll hinterfragt werden, inwiefern diese anhand welcher Merkmale rassisch, ethnisch, kulturell oder natio-ethno-kulturell determiniert ist.

2. Form und Ebene

Nachfolgend soll erforscht werden, ob sich die Form des Rassismus implizit (subtil, versteckt) oder explizit (offen, verbal, körperlich) äußert und sich auf symbolischen, kulturellen oder materiellen Ausschluss, Ausschluss durch Einbeziehung, Rassismus durch Sprache oder sekundären Rassismus bezieht. Anlehnend an die herausgestellte Form soll weiterhin erfragt werden, auf welcher Ebene (individuell, strukturell oder institutionell) anhand welcher Merkmale dieser herausgestellt werden kann.

3. Analyse der Ursache

Nachfolgend soll das Erforschen der Ursache des erkannten Rassismus durch das Erkennen der Merkmale eines verhaltenswissenschaftlichen (Natürliche Abwehr), psychoanalytischen (Identitätssicherung) oder einem gruppenpsychologischen Ansatz (Privilegierung der eigenen Gruppe) angestrebt werden.

4. Abgrenzung

In diesem Schritt soll erfragt werden, welche Elemente und Anhaltspunkte eine Differenzierung zwischen Ausländer- (Inländer stellen keine Fremden dar), Fremdenfeindlichkeit (keine vorzufindende machtvolle Differenz) und Rassismus zulässt.

5. Handlungsoptionen

Als letzter Teil sollen anlehnend an die zuvor mit Hilfe der vorherigen Schritte herausgestellten Rassismen, die unter 3.5 erwähnten Strategien einbezogen werden, um Anregungen zu geben, Rassismus in der Praxis der Kinder- und Jugendhilfe zu entgegnen.

(3.) Perspektive

Die Perspektive bezieht sich darauf, die Praxis der Kinder- und Jugendhilfe >>rassismussensibel<< in ihren Institutionen, Strukturen und Individuen bezüglich Rassismus auf umF zu überblicken.

Daraus lässt sich zusammenfassend eine >>rassismussensible Perspektive<< darin beschreiben, in Bezug auf das eigen dargestellte Rassismus-Verständnis, sensibel mit Hilfe des Handlungsplans zu agieren und diese Perspektive auf die Praxis der Kinder- und Jugendhilfe im Umgang mit umF anzuwenden.

4. Die Kinder- und Jugendhilfe für unbegleitete minderjährige Flüchtlinge

Bereits zu Beginn wurde erwähnt, dass die Jugendhilfe[1] direkt nach dem Ankommen von umF in Deutschland eine Unterstützungsinstitution darstellt. Diese ist im SGB VIII verankert und hat die Aufgabe, minderjährigen Kindern und Jugendlichen das Kindeswohl zu gewährleisten und diese zu begleiten und zu fördern (vgl. Schwarz/Tamm 2010, 37). Dabei ist sie neben der Ausländerbehörde und dem Grenzschutz das institutionelle System, was für umF zuständig ist. Derzeit hat sich innerhalb der Jugendhilfe ein eigenes Arbeitsfeld konzipiert, was speziell für umF zuständig ist. In diesem existieren Wohngruppen, Projekte in Schulen und von Ehrenamtlichen, Vereine für Vormundschaften, Clearingstellen und -häuser, sowie eigene Abteilungen im Jugendamt (vgl. Hargasser 2014, 49). Dass sich nun gesonderte Räume entwickelt haben, die den umF zugewiesen werden, hat jedoch zur Folge, dass diese aus anderen weiterentwickelten Feldern der Jugendhilfe separiert werden. Außerdem ist trotz der steigenden Relevanz von umF die Datenlage bei der Erstversorgung in der Jugendhilfe wenig zufriedenstellend und nicht offiziell erfasst. Dies ist bereits ein Anzeichen für den niedrigen Stellenwert, der der Versorgung von umF in der Jugendhilfe zugerechnet wird (vgl. Espenhorst/Berthold 2010, 291). Denn insgesamt ist zu verzeichnen, dass umF nicht denselben Richtwert an Leistungen der Jugendhilfe erhalten, wie deutsche Kinder und auch nicht gleich beurteilt werden (vgl. Hargasser 2014, 108). Aufgrund dieser Benachteiligungen und der eingangs thematisierten Tatsache, dass das Aufgabenfeld der Jugendhilfe in Bezug zu umF meist unbekannt ist, soll dieses, sowie dessen Rahmenbedingungen und Praxen dargestellt und anhand des Handlungsplans der >>rassismussensiblen Perspektive<< auf Rassismus erforscht werden. Auch wenn dabei gerade die Determinationen von Rassismus ein weites Verständnis mit einfassen und teilweise an der Grenze zu Rassismus liegen, wird dies als wichtig dafür erachtet, um auch das generelle Ausmaß an Diskriminierungen aufgrund des Status als umF aufzudecken.

---

[1] Aufgrund der besseren Lesbarkeit und der Tatsache, dass die meisten umF bereits im Jugendalter sind, wird im weiteren Verlauf nur die Jugendhilfe benannt, die jedoch auch die Kinderhilfe mit einfasst.

4.1 Der rechtliche Rahmen

Um auf das praktische Handlungsfeld der Jugendhilfe Bezug nehmen zu können, sollen vorerst deren rechtlichen Rahmenbedingungen aufgezeigt werden. Dabei sind für umF vor allem das Jugendhilferecht, das Ausländerrecht und die sogenannte UN-Kinderrechtskonvention (im Folgenden: KRK) relevant. Teilweise stehen diese in Wechselwirkung miteinander - teilweise in maßgeblichen Spannungen. Für umF ist vor allem das Spannungsfeld zwischen Ausländerrecht und Jugendhilferecht in Bezug auf deren praktischen Ausgestaltung von großer Bedeutung. Denn während das Ausländerrecht den rechtmäßigen Aufenthalt regelt, befasst sich das Jugendhilferecht mit der Entwicklung der umF zu eigenständigen Persönlichkeiten (vgl. Müller 2014). Die KRK hingegen unterstützt die Jugendhilfe, da sie auch das Kindeswohl garantieren will. Des Weiteren wäre auch die Genfer Flüchtlingskonvention und das Haager Minderjährigenschutzabkommen für umF von Bedeutung, würde jedoch in diesen Ausführungen zu weit fassen.

Da sich die Jugendhilfe an den rechtlichen Bestimmungen der KRK und dem Ausländerrecht orientieren muss und die institutionelle Verankerung derer einen Rahmen für Rassismus bieten könnte, wird die >>rassismussensible Perspektive<< nachfolgend auf den rechtlichen Kontext der Jugendhilfe selbst, sowie den beiden Benannten angewendet.

4.1.1 Das Kinder- und Jugendhilfegesetz

Durch die Minderjährigkeit benötigen umF unabhängig von ihrer Staatsangehörigkeit und ihrem Aufenthaltsstatus eine besondere Unterstützung. Dabei sollte dies entsprechend ihres Bedarfs von pädagogischen Fachkräften geschehen. In Deutschland bezieht sich diese Hilfe für umF auf das Jugendhilferecht, welches im SGB VIII durch das Kinder- und Jugendhilfegesetz (im Folgenden: KJHG) geregelt ist (vgl. Riedelsheimer 2010, 98). Darin werden unter § 2 SGB VIII die Aufgaben der Jugendhilfe erläutert, wobei diese zwischen Leistungen und anderen Aufgaben unterschieden werden. Bei der Beziehung von Leistungen gibt es im KJHG eine wichtige Unterscheidung zwischen deutschen und ausländischen Kindern. Denn während § 2 Abs. 3 SGB VIII für alle Kinder einen gleichen Umgang vorsieht (z.B. die Inobhutnahme), unterscheidet § 6 Abs. 2 SGB VIII, dass nur rechtmäßig in Deutschland lebende oder mit einer ausländerrechtlichen Duldung vorweisende Kinder, die Leistungen des KJHG (z.B. Hilfen zur Erziehung) in Anspruch nehmen können (vgl. MIK/MFKJKS 2013, 7). Demnach hätten beispielsweise umF, die sich „illegal" in Deutschland aufhalten, grundsätzlich keinen Anspruch auf die Leistungen der Jugendhilfe (vgl. Schwarz/Tamm 2010, 38).

---

1. Erkennen und Determinieren

Bereits das KJHG legt eine hierarchische Differenz zwischen deutschen und ausländischen Kindern vor, welches Letzteren nur unter Einschränkungen Anspruch auf Leistungen zuweist - im Gegensatz zu den Deutschen. Da diese Differenz anhand der Herkunft festgemacht wird und mit der Vorstellung von AusländerInnen in Deutschland eine Unterscheidung bezüglich Nation, Ethnie und Kultur einhergeht, ist die Determination dieses Rassismus natio-ethno-kulturell festzustellen (vgl. Mecheril 2004, 22).

2. Form und Ebene

Die Form dieses Rassismus bezieht sich explizit auf eine materielle Ausschlusspraxis, da dieser Ressourcen der Jugendhilfe in Form von Leistungen vorenthält. Nach Osterkamp ist eine Gesetzgebung, „die bestimmten Gruppen von Nichtdeutschen wesentliche Rechte vorenthält und diese damit im Vergleich zu den Einheimischen zu Menschen zweiter Klasse macht" (Osterkamp 1997, 96) Ausdruck von institutionellen Rassismus, der sich auch mit der eigen herausgearbeiteten Definition vereinbaren lässt.

3. Analyse der Ursachen

Dieser Rassismus impliziert in erster Linie die Einräumung von Vorteilen bezüglich der Ressourcen der Jugendhilfe für >>Uns<< Deutsche, was demnach mit dem gruppenpsychologischen Ansatz als Ursache für Rassismus einhergeht.

4. Abgrenzung

Da sich dieser Rassismus nur auf ausländische Personen bezieht, ist eine Abgrenzung zur Ausländerfeindlichkeit kaum möglich.

4.1.2 Die UN-Kinderrechtskonvention

Die KRK sichert Grundsätze und Kinderrechte zum Schutz von Minderjährigen bis 18 Jahre und versetzt dabei die Staaten in die Pflicht, diese zu gewährleisten. Dabei umfasst sie alle Kinder und schließt umF mit ein (vgl. Heinhold 2010, 60). Demnach muss sich auch die Jugendhilfe im Umgang mit umF an der KRK orientieren. In Deutschland ist diese im Jahr 1992 im Zusammenhang mit dem Vorbehalt, dass das deutsche Ausländerrecht Vorrang vor den Grundsätzen der KRK genieße, ratifiziert worden. Demnach standen umF nicht dieselben Rechte, wie deutschen Kindern zu (vgl. DCV 2014, 30). Dieser Unterschied zwischen In- und AusländerInnen enthielt dabei einen riskanten rassistischen Faktor, der unwiderrufliche Folgen durch Benachteiligungen auf der Ebene der Behörden und Gesetzte, sowie expliziter Diskriminierung für umF in den Praxen des Asylverfahrens enthielt (vgl. Kauffmann 2010, 20f.). Da dieser Vorbehalt jedoch im Mai 2010 aufgrund weitreichender Kritik abgeschafft wurde, müssen „spätestens jetzt alle hier lebenden Minderjährigen unabhängig von Herkunft und Aufenthaltsstatus rechtlich gleichgestellt sein" (Studnitz 2011, 134). In Bezug zu Rassismus bietet Art. 2 der KRK mit dem Anspruch des Diskriminierungsverbotes eine positiv entgegenwirkende Grundlage. Dabei sollen die Vertragsstaaten jedem Kind

> „ohne jede Diskriminierung unabhängig von der Rasse, der Hautfarbe, dem Geschlecht, der Sprache, der Religion, der politischen oder sonstigen Anschauung, der nationalen, ethnischen oder sozialen Herkunft" (Unicef, 9f.)

Schutz und Fürsorge gewährleisten. Darüber hinaus ist für die Jugendhilfe Art. 3 der KRK ein elementares Recht, welcher den Vorrang des Kindeswohls auffasst. Auch Art. 22 ist für umF von großer Bedeutung, da er speziell für Flüchtlingskinder ausgerichtet ist (vgl. ebd. 9ff.).

---

1. Erkennen und Determinieren

Aus der Rücknahme des Vorbehalts geht ein Anstreben der Gleichstellung von ausländischen und deutschen Kindern hervor. Dies wird auch im Aspekt des Art. 2 der KRK gewährleistet, da dieser bereits gesetzlich verankert, dass die Jugendhilfe nicht rassistisch agieren darf. Durch den Vorbehalt von Deutschland zur KRK wurde jedoch eine bewertende Differenz zwischen >>unseren<< und den >>anderen<< ausländischen Kindern getroffen, wobei sich die Legitimierung dieser auf die Herkunft und demnach natio-ethno-kultureller Determination bezieht. Demnach kann herausgestellt werden, dass der KRK in Deutschland ein rassistischer Diskurs vorausging.

2. Form und Ebene

Die Form dessen bezog sich auf offensichtliche Ausschließungspraxen von den symbolischen Ressourcen der KRK, sodass den ausländischen Kindern weniger Schutz gewährt wurde. Durch die gesetzliche Verankerung in den Organisationen von Deutschland bezog sich diese Form auf die institutionelle Ebene des Rassismus.

4.1.3 Das Ausländerrecht

Für umF ist das Ausländerrecht von großer Bedeutung, da dieses für den Aufenthalt derer verantwortlich ist. Dabei entscheidet der gewährte Aufenthaltstitel darüber, wie lange umF in Deutschland bleiben dürfen. Insgesamt wird zwischen einem sicheren langfristigem Aufenthaltstitel und einem befristeten unsicheren Aufenthaltstitel unterschieden. Unsicher sind z.b. eine Aufenthaltserlaubnis, eine Duldung, die eine Abschiebung vorübergehend aussetzt und eine Aufenthaltsgestattung, die für Asylsuchende gilt (vgl. MAIS). Dabei erhalten jedoch letztere gestaffelt die größten rechtlichen Einschränkungen. Wie bereits eingangs erwähnt, erhalten umF zumeist keinen sicheren Aufenthaltsstatus, bekommen oft Kettenduldungen und werden wenig oft rechtlich als voller Flüchtling anerkannt. Zudem kann festgestellt werden, dass umF „im Asylverfahren und mit unsicherem Aufenthaltsstatus [...] beim Zugang zu Sozialleistungen deutlich schlechter gestellt [sind] als deutsche Kinder" (Espenhorst 2013, 11). In Bezug auf das Asylrecht kann zusammenfassend in Deutschland eine zunehmend vorherrschende Restriktion festgestellt werden, was sich auf die Gewährung von Asyl, auf den weiter erschwerten Eintritt der umF nach Deutschland, die Abschreckungspolitik und den geminderten Zugang zum Asylverfahren bezieht (vgl. Hargasser 2014, 82).

Für die Jugendhilfe ist das Ausländerrecht relevant, da sie sich an den Gesetzen derer im Umgang mit umF orientieren und halten muss. Dabei bietet es den Rahmen des Agierens der Jugendhilfe. Da umF meist einen unsicheren Aufenthalt haben und demnach unter dem Risiko einer Abschiebung stehen, führt dies beispielsweise in der pädagogischen Arbeit mit ihnen häufig auch zu Diskrepanzen. Denn oftmals wird die Arbeit durch administrative Rahmenbedingungen des Ausländerrechts sabotiert, sodass Mitarbeiter mit den umF an verschiedenen Zielsetzungen (z.B. Schulplatzvermittlung, Integrationsförderung, passende TherapeutInnen) scheitern (vgl. ebd., 11). Ein Beispiel dieser Rahmenbedingungen bietet die Residenzpflicht als ein Ausdruck der Benachteiligung von umF. Denn demzufolge sollen AsylbewerberInnen sich ununterbrochen in dem ihnen von der Ausländerbehörde zugeteilten Aufenthaltsbereich aufhalten und dürfen diesen nicht verlassen (vgl. BAMF 2012, 7). Dies kann für umF bedeuten, dass sie z.B. die „notwendige Trauma-Behandlung beim nächsten Psychosozialen Dienst [nicht] wahrnehmen können, da sie in einen anderen Bezirk der Ausländerbehörde reisen müssten" (Seckler 2014, 318).

Das Ausländerrecht enthält zudem Aspekte, die entgegen dem KJHG und der KRK stehen. Beispielsweise besagt die KRK, dass bei allen Maßnahmen das Kindeswohl vorrangig zu beachten ist und bezieht sich dabei auf Menschen bis 18 Jahre. Dabei besagt diese sogar durch Bezug zu Art. 2, dass umF genau derselbe Schutz zu gewähren ist, wie auch deutschen Kindern, die von ihrer Familie getrennt sind. Nach dem Ausländerrecht gelten umF im Unterschied zu deutschen Kindern jedoch ab dem 16. Lebensjahr bereits als volljährig und demnach handlungs- und verfahrensfähig. Dies bedeutet, dass diese im asylrechtlichen Verfahren nach der EU-Asylverfahrensrichtlinie Art. 17 Abs. 3 ohne Vormund rechtswirksame Handlungen ausüben können und auch müssen. Dies steht im Widerspruch zur KRK und lässt die benötigte Unterstützung für umF nicht zu (vgl. DCV 2014, 8).

Als Begründung für diese Benachteiligungen von Flüchtlingen wurde genannt, „dass keine Anreize zur >>Einwanderung in die Sozialsysteme<< geschaffen werden sollen und eine abschreckende Wirkung erreicht werden sollte" (Hargasser 2014, 79).

---

1. Erkennen und Determinieren

In Bezug auf das Ausländerrecht ist der größte Anhaltspunkt für Rassismus die Instanz der Aufenthaltstitel generell, da diese einen Rahmen für weitere Rassismen bietet. Denn dabei stellen Aufenthaltstitel ein Instrument des Ausländerrechts dar, um (Nicht-)Zugehörigkeit durch die Herkunft in einer hierarchischen Abfolge auszudrücken. Bezieht man darauf die Tatsache mit ein, dass die Mehrheit der Flüchtlinge einen unsicheren Aufenthaltsstatus erhält, wird deutlich, dass diese „jederzeit wieder gesellschaftlich ausgegliedert werden" (Spindler 2006, 192) können und >>Uns<< demnach nicht gleichgestellt sind. Demnach schreiben die Aufenthaltstitel die Konstruktion der >>Anderen<< im Gegensatz zu >>Uns<< Deutschen weiter fest. Durch die Aufenthaltsstatus, die Sondergesetze für umF und die benannte Restriktion, werden Flüchtlinge wiederum als minderwertig stigmatisiert, weshalb eine Rechtsgleichstellung mit >>Uns<< verweigert wird (vgl. Winter 2004, 141). Da sich diese Tatsachen nur auf Flüchtlinge generell bezieht, kann dieser Rassismus natio-ethno-kulturell determiniert werden.

4.2 Die Inobhutnahme als Beginn in der Jugendhilfe

Wie bereits erwähnt ist die Jugendhilfe in „Leistungen" und „andere Aufgaben" unterteilt. Für umF sind vorerst letztere, die im § 2 Abs. 3 SGB VIII geregelt sind, relevant. Darunter zählen die Inobhutnahme in Verbindung mit dem Clearingver-fahren und der Altersfeststellung, sowie die Vormundschaft als die Relevanten für umF, die mit der >>rassismussensiblen Perspektive<< in Verbindung gebracht und kritisch reflektiert werden sollen.

Der Weg eines umF nach der Ankunft in Deutschland beginnt in der Jugendhilfe zumeist mit der Inobhutnahme im Rahmen von § 42 SGB VIII bei angenommener

Minderjährigkeit. Denn die Tatsache, ohne Sorgeberechtigten in Deutschland zu sein, stellt für die Jugendhilfe bereits eine Kindeswohlgefährdung dar und muss nicht im Einzelfall geprüft werden (vgl. Schwarz/Tamm 2010, 39). Die Inobhutnahme gilt als eine Krisenintervention, bei der sie eine vorläufige Unterbringung gewährleisten und alle zum Wohle des umF erforderlichen Entscheidungen treffen soll, weshalb sie ein starkes Mandat besitzt (vgl. Espenhorst/Berthold 2010, 290). Zu geeigneten Unterbringungsmöglichkeiten zählen dabei „insbesondere sogenannte Kinder- und Jugendschutzstellen, Mädchenhäuser sowie alle Einrichtungen, in denen Erziehungshilfen nach § 34 SGB VIII durchgeführt werden" (DCV 2014, 58). Diese unterliegen dem Bereich des Jugendamtes und müssen demnach auch eine Heimaufsicht besitzen. Zudem ist es eine Voraussetzung, dass diese Jugendhilfeeinrichtungen eine Betriebserlaubnis nach §§ 45 und 48a SGBVIII vorweisen können, die die räumlichen und fachlichen Standards der Jugendhilfe gewährleisten (vgl. Stauf 2012, 35). Die Ausgestaltung der Inobhutnahme ist in der Praxis durch verschiedene pädagogische Konzepte und Einrichtungsformen geprägt. Wenn während der Inobhutnahme ein Jugendhilfebedarf ermittelt wird, wird die Folgeunterbringung meist als Hilfe zur Erziehung gemäß § 27 SGB VIII gewährleistet (vgl. DCV 2014, 59ff.).

Im Jahr 2005 ergab sich eine wichtige Reform bezüglich der Inobhutnahme von umF. Denn das Gesetz zur Weiterentwicklung der Kinder- und Jugendhilfe (im Folgenden: KICK) regelte, dass ab diesem Zeitpunkt alle umF von der örtlichen Jugendhilfe in Obhut genommen werden müssen (vgl. Kauffmann 2010, 28). Vorher gingen sowohl Jugendhilfe, als auch Ausländerbehörde davon aus, dass in der Regel 16 bis 17-Jährige nicht in Obhut genommen werden sollten, da dies kostenreduzierend und abschreckend wirkte. Wenn, dann wurden meist nur weibliche umF in Obhut genommen (vgl. Hargasser 2014, 81). Das KICK sollte demnach einen „Paradigmenwechsel bezüglich des Umgangs mit unbegleiteten minderjährigen Flüchtlingskindern einleiten und Aufnahme, Erstversorgung und ein qualifiziertes Clearingverfahren ermöglichen" (Kauffmann 2010, 41). Dies hat jedoch dazu geführt, dass beispielsweise Jugendämter in NRW umF zwar formell in Obhut nehmen, jedoch die entsprechende Versorgung nicht vorliegt. In der Praxis werden dabei Bereiche in Asylbewerberaufnahmeeinrichtungen zu Inobutnahmestellen erklärt, obwohl diese keine Betriebserlaubnis nach § 45 SGB VIII und keine Heimaufsicht haben. Damit sollen Kosten für die Errichtung neuer Einrichtungen gespart werden. Dies steht jedoch in Unvereinbarkeit mit der rechtlichen Grundlage der Inobhutnahme und den Standards an Qualität im Jugendhilfesystem (vgl. Espenhorst/Bertholt 2010, 292). Dies darf dann stattfinden, wenn keine andere geeignete Unterbringung zur Inobhutnahme zu finden ist und das Kindeswohl vom Jugendamt gewährleistet wird. Jedoch kann eine Asylbewerberaufnahmeeinrichtung dieses, wie später noch genauer dargestellt, nicht sicherstellen (vgl. MIK/MFKJKS 2013, 13). Des Weiteren geht der Bundesfachverband umF davon aus, dass zur Zeit auch etwa 25 Prozent der umF generell keine Inobhutnahme und im dem Zusammenhang stehenden regulären Leistungen der Jugendhilfe erhalten, obwohl diese durch das KICK gesetzlich verankert ist (vgl. Espenhorst 2013, 29).

In Aachen gab es von Anfang bis Mitte des Jahres 2014 670 umF in der Inobhutnahme, wobei im gesamten Vorjahr lediglich 127 gezählt wurden. Dies impliziert die Unterbringungsschwierigkeiten, die sich auch darin äußern, dass im Dezember 2014 noch 50 bis 60 umF in Aachen zur Inobhutnahme in Hotels oder Jugendherbergen untergebracht waren (vgl. Laschet u.a. 2014, 2). Auf Nachfrage beim Jugendamt Aachen nach Konzepten zur Inobhutnahme wurde auf das Handeln nach der „Handreichung im Umgang mit unbegleiteten minderjährigen Flüchtlingen in Nordrhein-Westfalen" (MIK/MFKJKS 2013) verwiesen, weshalb sich auch im weiteren Verlauf darauf bezogen wird.

---

1. Erkennen und Determinieren

Die generelle Instanz der Inobhutnahme scheint vorerst eine Differenz zu konterkarieren, da diese sowohl deutschen Minderjährigen, als auch umF zugleich zusteht. Demnach spielt Rassismus erst dann eine Rolle, wenn die Inobhutnahme nicht als solche gewährt wird, sondern aufgrund des Status der umF, Benachteiligungen in Form der beschriebenen formellen Inobhutnahme oder Nicht-Gewährung der Inobhutnahme trotz Kindeswohlgefährdung legitimiert werden und somit eine Differenz konstruiert wird, die es >>Uns<< erlaubt, diese Benachteiligungspraxen umzusetzen. Denn diese Praxen sind bei deutschen Kindern nicht vorzufinden. Dabei kann durch den Status der umF wiederum von natio-ethno-kultureller Determination ausgegangen werden.

---

2. Form und Ebene

Der Rassismus, der in der formellen Inobhutnahme begründet liegt, kann als versteckter Ausschluss durch Einbeziehung bezeichnet werden, da er praktisch keine Inobhutnahme umsetzt, aber diese formell gewährleistet. Die Nicht-Gewährung bezieht sich ausschließlich auf offensichtliche materielle Ausschlusspraxen, da in diesem Zusammenhang umF keine existenzielle Unterstützung erhalten. Durch die gesetzliche Verankerung des KICK, welches eigentlich die Inobhutnahme aller umF regelt, ist struktureller Rassismus anzunehmen. Denn dieser geschieht gerade dann, wenn nicht einmal diejenigen, die für Schutz und Hilfe verantwortlich sind, diese gewähren und eine willkürliche Gewährung der Hilfen an umF legitimiert wird (vgl. Beckmann 1997, 216).

3. Analyse der Ursachen

Durch die häufige Bezugnahme zu Einsparungen im Sachverhalt, kann die Ursache des Rassismus vor allem im gruppenpsychologischen Ansatz gedeutet werden, um >>Uns<< die Ressourcen der Inobhutnahmeplätze zu sichern und >>Uns<< diesbezüglich gegenüber den umF zu privilegieren.

4.2.1 Das Clearingverfahren

Im Rahmen der Inobhutnahme geht es gemäß § 42 Abs. 2 SGB VIII um das Klären der momentanen Lebenssituation der umF und das Aufzeigen möglicher Hilfs- und Unterstützungsangebote, was sich auf das sogenannte Clearingverfahren bezieht. Dabei ist jedoch festzustellen, dass dieses nicht in allen Bundesländern durchgeführt wird (vgl. Schwarz/Tamm 2010, 39). Das Clearing sollte nach Möglichkeit in einem speziellen Clearinghaus, welches eine stationäre Unterbringungsmöglichkeit darstellt, geschehen (vgl. Rätz 2014, 169). Vordergründig sollen Hintergrundinformationen aus den Herkunftsländern gesucht, sowie auch Netzwerkarbeit mit verschiedenen Fachstellen geleistet und ein Dolmetcher-Pool bereitgestellt werden. Auch soll herausgefunden werden, ob ein Hilfebedarf des umF vorliegt (vgl. Riedelsheimer 2010, 101). Für das Clearing leiten Fachkräfte zuerst eine Bestandsaufnahme ein. Dies bedeutet, dass sie den momentanen Zustand des umF in den zentralen Lebensbereichen prüfen und weiterhin für herausgestellte Problemlagen Lösungsansätze erarbeiten. Dabei sollen jedoch auch die Ressourcen mit einbezogen werden. Um das Kindeswohl garantieren zu können, soll demnach konkret auf den Einzelfall gewirkt und das für diesen als bestmöglich Angesehene angestrebt werden. Als Instrument gibt es in der Jugendhilfe dafür den Hilfeplan, in dem angestrebte Faktoren überprüft und neu eingestufte Ziele mit einbezogen werden (vgl. Riedelsheimer 2010, 97ff.). Das Clearing bezieht sich neben den Herkunftslandinformationen auch auf das Klären familiärer, gesundheitlicher und schulischer Hintergründe, sowie aufenthaltsrechtlicher Perspektiven und bei Zweifeln auf eine Altersfeststellung (vgl. MIK/MFKJKS 2013, 15). Dabei soll eine Atmosphäre geschaffen werden, die umF in die Lage versetzt, sich Willkommen zu fühlen (vgl. Stauf 2012, 32).

Während dem Clearingverfahren soll gemäß der Handreichung zum Umgang mit umF in NRW auf einen Sprach- und Kulturmittler zurückgegriffen werden, der nicht nur Sprachbarrieren überwindet, sondern auch den kultursensiblen Kontakt beim Erstkontakt und dem Clearing unterstützt (vgl. MIK/MFKJKS 2013, 25).

Neben der Klärung soll vor allem die Sicherung des Kindeswohls eingeleitet werden, was mit der Versorgung mit Wohnraum, Lebensmitteln und Bekleidung, sowie emotionaler Unterstützung und Beachtung des umF als vollwertigen Mensch einhergeht. Die Dauer des Clearingverfahrens ist nicht strikt geregelt und hängt von mehreren Einflüssen ab. In der Regel wird von drei bis sechs Monaten ausgegangen, wobei jedoch berücksichtigt werden sollte, dass dieses nur als ein Zwischenschritt der gesamten Hilfeplanung angesehen werden kann. Die Unterbringung ist für die umF elementar, da der Alltag dort stattfindet und Bedürfnisse derer erst dort sichtbar werden. Jedoch kommt es bei der Auswahl der Unterbringungen in der Praxis vor, dass nicht der ermittelte Bedarf, sondern das günstigste Angebot berücksichtigt wird (vgl. Riedelsheimer 2010, 102).
Nach dem Clearingverfahren können umF entweder in der Jugendhilfeeinrichtung bleiben oder Leistungen der Jugendhilfe in Form von z.B. Vollzeitpflege erhalten. Bei nicht festgestelltem Hilfebedarf ist es jedoch häufig so, dass umF in eine Aufnahmeeinrichtung für erwachsene Asylbewerber müssen (vgl. Stauf 2012, 41).

1. Erkennen und Determinieren

In der institutionellen Instanz des Clearings sind keine Anhaltspunkte für Rassismus zu erkennen, da sich kein Differenz zwischen >>Uns<< und >>umF<< erkennen lässt. Zudem wird durch die Behandlung des umF als vollwertigen Menschen und das Anstreben eines Gefühl des Willkommenseins eine Gleichstellung angestrebt. Jedoch lässt die Handreichung einen Rassismus im Umgang mit umF während des Clearings durch die

Hinzuziehung eines Kulturmittlers zu. Dabei soll dieser unter anderem „Kulturkompe-
tenz – Kenntnisse über länderspezifische Normen und Werte, Sozialisierungsmerkmale"
(MIK/MFKJKS 2013, 26) vorweisen. Was vorerst als den umF entgegenkommend wirkt,
markiert jedoch eine Differenz. Denn dabei bezieht sich die dargelegte Kulturkompetenz
auf ein statisches und vereinheitlichtes Kulturverständnis, wobei umF auf eine ihnen
vermeintlich zugehörige Kultur reduziert werden, die sich von >>Unserer deutschen
Kultur<< abgrenzt. Dabei werden dann machtvolle Stereotype und Vorurteile bezüglich
kultureller Merkmale bedient. Diese Differenz wird auch durch den Begriff des „Mitt-
lers" deutlich, da er auf zwei sich unterscheidende Seiten verweist. Durch die Differen-
zen innerhalb der Kultur ist dieser Rassismus kulturell determiniert.

2. Form und Ebene

Die Form dieses Rassismus ist versteckt, subtil und scheinbar unbewusst, da sie eigent-
lich ein dem Rassismus entgegenwirkendes Ziel beinhaltet. Dabei wird durch die Spra-
che in Bezug auf den Kulturmittler jedoch der genannte Rassismus weiter reproduziert.
Zudem kann das vereinheitlichte Kulturverständnis zum symbolischen Ausschluss der
>>Anderen<< dienen (vgl. Terkessidis 1998, 211). Durch die institutionelle Veranke-
rung des Kulturmittlers wird diesem Rassismus ein Rahmen geboten, um auch auf der
strukturellen und individuellen Ebene zu agieren.

3. Analyse der Ursachen

Aus diesem Rassismus geht der psychoanalytische Ansatz hervor, da er mit dem Fest-
schreiben der umF auf verschiedene Kulturen, die Einheit der eigenen Kultur erhalten
will und somit auch zur kulturellen Identifikation dient (vgl. ebd., 211).

4.2.1.1 Die Altersfeststellung

Bereits in der Beschreibung des Clearingverfahrens wurde darauf eingegangen,
dass ein Teil dessen eine Altersfeststellung darstellen kann. Denn umF kommen in
der Regel ohne Ausweisdokumente bezüglich ihrer Identität nach Deutschland,
weshalb sie ihr Alter meistens nicht nachweisen können. Die eigene Altersangabe
eines umF zu glauben, stellt dabei die Ausnahme dar (vgl. Heiber 2010, 126). Da
das Alter für das Asylverfahren relevant ist und nur Jugendhilfeleistungen bei
Minderjährigkeit gewährt werden, ist es demnach unabdinglich, dieses festzustellen (vgl. Stauf 2012, 36). Demnach hat das Feststellen oder Ausschließen von
Minderjährigkeit eine große Bedeutung in Bezug auf die Zukunft der umF. Die
Altersfeststellung kann von der Ausländerbehörde, der Bundespolizei, dem

BAMF oder dem örtlichen Jugendamt durchgeführt werden. In diesem Kontext ist jedoch nur letzteres zur Prüfung der tatsächlichen Minderjährigkeit relevant. Dabei ist das Jugendamt auch dann dazu befugt, eine eigene Alterseinschätzung durchzuführen, wenn bereits die zuständige Ausländerbehörde eine vorgenommen hatte (vgl. DCV 2014, 36). Die meisten Altersfeststellungen führen jedoch dazu, dass umF mindestens als 18 oder 16 Jahre alt eingeschätzt werden, damit sie entweder als volljährig oder handlungs- und verfahrensfähig gelten. Dies geschieht, damit bei Volljährigkeit keine Inobhutnahme stattfinden muss und bei Verfahrensfähigkeit die Betreuung auf ein Minimum reduziert werden kann und das asylrechtliche Verfahren alleine bewältigt werden muss (vgl. Heiber 2010, 126f). Demnach kann dies zum Verlust existenzieller materieller Ressourcen führen. Zudem besteht für eine Kommune im Verfahren der Altersfeststellung die Möglichkeit, durch die Ermittlung eines Alters über 18 Jahre, die Unterbringungszahlen in der Jugendhilfe zu senken (vgl. Seckler 2014, 315). In diesem Zusammenhang ist zu erwähnen, dass der erste Kinder- und Jugendreport bezüglich der Umsetzung der KRK in Deutschland gerade diese Willkür der Alterseinschätzung kritisierte und diesbezüglich Kontrollinstanzen forderte (vgl. Kauffmann 2010, 44).

Die Verfahren zur Altersbestimmung sind dabei sehr unterschiedlich. Einerseits gibt es die Zahn- und Handwurzeluntersuchungen, bei denen rechtsmedizinische Gutachten mit einbezogen werden. Außerdem kann das innere Schlüsselbein mit radiologischen Ergründungen untersucht werden. Dabei müssen sich umF jedoch vollständig entkleiden, was für diese eine entwürdigende Tortur darstellt (vgl. Heiber 2010, 129). Für das Jugendamt ist das Verfahren der sogenannten „Altersfiktivsetzung" von Bedeutung. Dabei „wird das Geburtsdatum allein aufgrund von äußeren Merkmalen des Flüchtlings bestimmt" (Heinhold 2010, 64). Auch die Handreichung zum Umgang mit umF in NRW bezieht sich bei der Feststellung des Alters unter anderem auf die äußere Erscheinung des umF durch eine Inaugenscheinnahme, die ohne spezielle Untersuchungsmethoden und ohne Entkleiden vollzogen werden soll (vgl. MIK/MFKJKS 2013, 12). Dabei ist diese Inaugenscheinnahme „im Wesentlichen geprägt von einem hierarchischen Verhältnis in dem der schwache Bürger dem starken Staat ausgeliefert ist, der feststellt: „Ich glaube Dir nicht!"" (Riedelsheimer 2010, 73).

Des Weiteren wirken viele umF durch die bedeutenden Erlebnisse der Flucht viel erwachsener, als sie tatsächlich sind. Dieser Aspekt des sozialen Alters wird jedoch bei den Altersfeststellungen kaum berücksichtigt (vgl. Seckler 2014, 315).

---

1. Erkennen und Determinieren

Bereits die Instanz der Altersfeststellung ist ein Instrument zur hierarchischen Unterscheidung zwischen >>Uns<< und den >>Anderen<<, mit dem >>Wir<< den umF als kollektiv kulturell zugeschriebenes Merkmal das Lügen unterstellen. Dabei ermächtigt >>Uns<< dies dazu, mit der Altersfiktivsetzung die (Nicht-)Zugehörigkeit der umF zur Jugendhilfe zu regulieren. Demnach ist in der Instanz der Altersfeststellung bereits Rassismus in kultureller Determination herauszustellen.

Die Altersfiktivsetzung ist in Bezug zu Rassismus eine umfassende Thematik. Dabei kann Alter, wie eingangs erwähnt, eine weitgefasste Determination von Rassismus sein. Denn „Alter ist wie Geschlecht, Klasse und ethnische Zugehörigkeit eine grundlegende Kategorie, nach der die Gesellschaft organisiert wird und als solche stellt diese eine unübersehbare Markierung sozialer Differenz dar" (Pichler 2010, 415). Das Alter eines Menschen basiert dabei auf der Normvorstellung von einem äußeren Erscheinungsalter. Jedoch darf das Alter nicht nur in seiner physiologischen und biologischen Determination betrachtet werden, da es aus einem „Arsenal an sozio-kulturellen Bedeutungen, mit denen die biologische Ordnung in eine kulturelle Ordnung übersetzt wird", (Kunow 2005, 23) besteht. Dies bedeutet, dass die äußerlichen Normvorstellungen eines Alters kulturell verschieden und ein soziales Konstrukt sind. Wenn die Jugendhilfe demnach einen umF aufgrund eines von ihrer Norm abweichenden äußeren Erscheinungsalters, älter einstuft und demnach Ressourcen verwehrt, ist Rassismus aufgrund rassischer und kultureller Determination vorzufinden.

2. Form und Ebene

Beide herausgestellten Rassismen sind unauffällig, unbewusst und bleiben bis zur Analyse implizit. Dabei geht es bei beiden um materielle Ausschließungspraxen, bei denen die Unterstützung der Jugendhilfe verwehrt werden kann. Aber auch um symbolische Ausschließungspraxen, die zwischen der Abweichung und Einhaltung der Normvorstellung von Alter selektieren. Der Rassismus, der in der Altersfeststellung als Instanz liegt, agiert auf der strukturellen Ebene, da er mit Willkür und unterlassender Hilfestellung zusammenhängt. Der Rassismus durch die Inaugenscheinnahme agiert auf der individuellen und strukturellen Ebene, da die kulturelle Vorstellung des Alters individuell ist und fallabhängig zwischen (Nicht-)Zugehörigkeit entschieden werden kann.

---

3. Analyse der Ursache

Auf die materiellen Ausschließungspraxen bezogen kann der gruppenpsychologische Ansatz mit einbezogen werden, da die Altersfeststellung/Inaugenscheinnahme ein Instrument darstellt, um die Ressourcen der Jugendhilfe zu regulieren und demnach die Einheimischen zu privilegieren. Andererseits kann auf die symbolischen Ausschließungspraxen der psychoanalytische Ansatz bezogen werden, der die kulturelle Identität in Bezug auf die Vorstellung eines altersspezifischen äußeren Erscheinungsbild sicherstellen will. Demnach ist das Machen von Alter im Rahmen einer Inaugenscheinnahme eine Handlung, „welche die repräsentationale Hegemonie über das >>Alter(n)<<, seine letztendliche Integration in die bestehende symbolische Ordnung zum Ziel hat" (ebd. 25).

4. Abgrenzung

Hier ist eine deutliche Abgrenzung zur Ausländerfeindlichkeit zu erkennen, da auch Inländer aufgrund der von der Hegemonie abweichenden Vorstellung des Alters ausgegrenzt werden können und sich dies nicht nur auf umF bezieht.

4.2.2 Die Vormundschaft

Bezüglich der Inobhutnahme ist in § 42 Abs. 3 SGB VIII festgelegt, dass im Rahmen dieser „einem unbegleiteten minderjährigen Flüchtling umgehend ein Vormund oder Pfleger zur Seite gestellt" (Schwarz/Tamm 2010, 40) werden soll. Demnach sind die Jugendämter in der Verpflichtung, das zuständige Gericht über die Existenz des umF in Kenntnis zu setzen (vgl. Riedelsheimer 2010, 99). Bereits durch die Handlungs- und Verfahrensfähigkeit Minderjähriger wurde auf diesen verwiesen. Die Vormundschaften werden zwischen einer Einzel-, Vereins- oder Amtsvormundschaft unterschieden. Die meisten umF erhalten eine Amtsvormundschaft, obwohl Einzelvormundschaften einen rechtlichen Vorrang haben. Dabei sehen diese ihre Mündel nicht so oft, wie Einzel- oder Vereinsmünder und haben deutlich mehr Mündel, um die sie sich kümmern müssen (vgl. Noske 2010, 57). Zudem sind viele Amtsvormünder Verwaltungsausgebildete und keine SozialarbeiterInnen, weshalb Interessenskonflikte bezüglich der Bewertung des Kindeswohls entstehen können. Beispielsweise sind Fälle bekannt, in denen Vormünder ohne Sicherstellung einer Betreuung im Herkunftsland, die Rückreise in dieses betrieben haben (vgl. Schwarz/Tamm 2010, 43). Der Aufgabenbereich der Vormundschaft umfasst die Vermögens- und Personensorge der umF, wonach letztere

die Pflege, Erziehung, Aufenthaltsbestimmung und Ausbildungs- und Berufsför-
derung beinhaltet. Die verantwortungsvollste Aufgabe unterliegt jedoch im Betreiben des Asylverfahrens, bei der der Vormund für die Antragstellung, sowie die Be-
antragung anderer Aufenthaltsstatus zuständig ist. Durch die Verfahrens- und
Handlungsfähigkeit von umF ab dem 16. Lebensjahr entfällt dieser Zuständig-
keitsbereich jedoch ab diesem Zeitpunkt in vielen Fällen (vgl. Meißner 2010,
60f.). Demnach müssen Anträge, sowie Termine bei der Ausländerbehörde alleine
bewältigt werden (vgl. Noske 2010, 15). Die Vormundschaft insgesamt sollte jedoch bis zur Volljährigkeit der umF bereitgestellt werden, sodass ein durchgängi-
ges Kindeswohl zu gewährleisten ist. Dabei wird der Anspruch gestellt, dass der
Vormund unabhängig sein sollte und Kompetenzen im Umgang mit umF vorweisen kann, um eine tragende, vertrauensvolle Beziehung herzustellen (vgl. Krappmann 2010, 56).

1.Erkennen und Determinieren

*In diesem Zusammenhang kann auf den herausgestellten Rassismus bezüglich der
Handlungs- und Verfahrensfähigkeit hingewiesen werden, der im Rahmen einer Vormundschaft bedeutsam wird. Da dieser bereits auf der institutionellen Ebene konkretisiert wurde (vgl. 4.1.3), wird darauf nicht weiter eingegangen. Trotzdem kann ange-
merkt werden, dass die Einrichtung der Vormundschaft auf der individuellen Ebene Rassismus zulassen kann. Denn durch den Beistand im Asylverfahren kann die Unterstützung über Ein- oder Ausschluss in Deutschland und den damit zusammenhängenden
Ressourcen entscheiden. Über Vormundschaften könnte demnach die Aufenthaltstitel-
verteilung in Teilen reguliert werden. Denn dabei muss angebracht werden, dass rassistisch agierende Personen meist nicht privat, „sondern im staatlichen bzw. institutionellen Auftrag handeln; sie sind somit strukturell eingebunden und begreifen sich auch
selbst als ausführende Organe, die >>Dienst nach Vorschrift<< tun" (Beckmann 1997,
216).*

4.3 Die Heimerziehung im Rahmen der Hilfen zur Erziehung

Die Inobhutnahme endet gemäß § 42 Abs. 4 SGB VIII in Bezug auf umF „mit der Entscheidung über die Gewährung von Hilfen zur Erziehung" (Schwarz/Tamm 2010, 40). Diese fallen unter die Leistungen der Jugendhilfe, welche im § 2 Abs. 2 SGB VIII aufgeführt sind. Die Hilfen zur Erziehung erfolgen nach § 27 SGB VIII und können z.b. Erziehungsberatung, Sozialpädagogische Familienhilfe, Soziale Gruppenarbeit, Vollzeitpflege oder auch Heimerziehung darstellen. In diesem Kontext wird jedoch ausschließlich auf die Heimerziehung und die sonstige betreute Wohnform nach § 34 SGB VIII als Teil der Hilfen zur Erziehung eingegangen und sich somit auf die Folgeunterbringung nach der Inobhutnahme bezogen. Dabei sind dies meist stationäre Einrichtungen in Form von Jugendwohngemeinschaften oder Kinder- und Jugendwohngruppen. Diese setzen eine Betreuung über den ganzen Tag voraus und werden als Fremdunterbringungen betitelt. Dabei können umF mit deutschen Minderjährigen zusammen untergebracht werden oder Gruppen entstehen, in denen nur umF leben (vgl. Rätz u.a. 2014, 168). Zwischen den einzelnen Kommunen bestehen jedoch erhebliche Unterschiede in Bezug auf die Betreuung, die Zusammensetzung der Gruppe, sowie die Konzepte und fachlichen Qualifikationen der Mitarbeiter (vgl. DVC 2014, 85). Dabei wird vor allem die Form der Unterbringung in Bezug für umF kontrovers diskutiert. Denn es ist fraglich, ob umF mit Rückschluss auf eventuelle Traumata besser in einer auf diese Gruppe spezialisierte Einrichtung oder in integrierten Formen untergebracht werden sollten (vgl. Brinks u.a. 2014, 304). Generell ist die Heimerziehung so angelegt, dass möglichen Stigmatisierungen der umF durch eine bewusste Integration in Aktivitäten und Vereinen vorgebeugt werden soll und Normalisierung angestrebt wird (vgl. Rätz u.a. 2014, 174f.). Derzeit stellen stationäre Einrichtungen aufgrund des Zuwachses an umF jedoch eine knappe Ressource dar, sodass diese kaum mehr Plätze bereitstellen können. Für den Ausbau fehlen sowohl Fachkräfte, wie auch Wohnraum (vgl. Brinks u.a. 2014, 305).

Wenn Hilfe zur Erziehung für umF gewährt wird, sind zudem auch Leistungen zur Wahrung des Lebensunterhalts seitens der Jugendhilfe darzulegen. Dies bezieht sich auf Geld für Kleidung, Sicherung der Gesundheit,

„sowie ein nach Alter des Kindes/Jugendlichen gestaffeltes Taschengeld [...] (§39 SGB VIII). Auch die Leistungen der Jugendhilfe sind vom jeweiligen aufenthalts-rechtlichen Status und den allgemeinen Voraussetzungen abhängig" (DVC 2014, 134).

Da der Alltag der umF in der Heimerziehung geschieht, wird dieser in Bezug auf Rassismus eine große Bedeutung zugeschrieben. Demnach werden auch konkrete Konzepte der Jugendhilfe Aachen in Bezug auf die Heimerziehung hinzugezogen und auf bestimmte Aspekte eingegangen, die auf Rassismus im Umgang mit umF andeuten. Dies geschieht mit dem Bewusstsein darüber, dass die Konzepte von Einzelpersonen angefertigt wurden. Dabei wird jedoch davon ausgegangen, dass diese in der Einrichtung auch als Maßstab aller dort Arbeitenden gelten.

---

1. Erkennen und Determinieren

Eine für den Rassismus bedeutsame Tatsache ist, dass die Leistungen der Jugendhilfe vom Aufenthaltsstatus abhängig sind. Denn bezieht man die Ergebnisse unter 4.1.3. hinzu, liegt diesen ein bewertendes Ordnungssystem zugrunde. Dabei erhalten die meisten umF weniger Leistungen aufgrund ihres Status und damit verbunden ihrer Herkunft, als deutsche Kinder. Durch diese Differenz zwischen >>Uns<< als deutschen Staatsbürgern und den >>Anderen<< wird Rassismus durch natio-ethno-kulturelle Determination deutlich.

2. Form und Ebene

Die Form dieses Rassismus bezieht sich auf offensichtliche materielle Ausschließungs-praxen, die >>Uns<< Privilegien in Bezug auf Leistungen der Jugendhilfe einräumen und >>Uns<< offensichtlich von den >>Anderen<< abgrenzen. Da dieser Rassismus rechtlich verankert ist, geschieht dieser Rassismus auf der institutionellen Ebene.

3. Analyse der Ursachen

Der gruppenpychologische Ansatz kann in diesem Rassismus eine Erklärung liefern, da somit die Ressourcen der Gruppe der >>Deutschen<< gesichert werden können. Denn Rassismus konstituiert umF als >>Andere<< zu >>Uns<< um Sozialleistungen in Konkurrenz Stehende, bei der die Ressourcenverteidigung nur durch den Ausschluss der >>Anderen<< bewältigt werden kann (vgl. Miles 2000, 25).

4.3.1 Monoethnische und Multiethnische Gruppen

Wie bereits erwähnt sind die Hilfen zur Erziehung für die Unterbringung der umF verantwortlich. Dabei kann die Unterbringung in auf diese Gruppen spezialisierte, als auch integrierte Formen der Gruppenzusammensetzung erfolgen. Als spezialisierte Form ist zwischen sogenannten monoethnischen und multiethnischen Gruppenzusammensetzungen zu unterscheiden. Dabei wird bei ersterem eine Gruppe mit umF des gleichen Herkunftslands und bei letzterem eine Gruppe mit umF aus unterschiedlichen Herkunftsländern zusammengesetzt. Bei monoethnischen Gruppen wird jedoch eine Gefahr der Abkapselung von der Gesellschaft durch die homogene Zusammensetzung gesehen, welche bei multiethnischen Gruppen weniger vorherrscht. Im Gegensatz dazu liegt der Nachteil in der multiethnischen und somit heterogenen Gruppenzusammensetzung darin, dass bei der Betreuung der umF die Kulturen der Herkunftsländer wenig fokussiert werden können (vgl. DVC 2014, 86).

In Aachen sind innerhalb der Jugendhilfe kaum monoethnische, sondern mit großem Anteil multiethnische Gruppenzusammensetzungen im Rahmen der Heimerziehung vorzufinden. Ein Beispiel einer multiethnischen Gruppe bietet die Einrichtung des Zentrums für Soziale Arbeit mit der Wohngruppe für junge Flüchtlinge in der Salieralle in Aachen (im Folgenden: JFS). Diese stellt ein stationäres Hilfeangebot für neun umF ab 12 Jahren dar, welches zentral gelegen ist. Zu den Leistungen des Angebots im Rahmen der Jugendhilfe zählt die Versorgung mit Nahrung, Taschengeld, das Waschen der Kleidung und ein angemessener Wohnraum. Aber auch die psychosoziale Entwicklung der umF soll gefördert werden. Dabei sollen die individuellen Ziele der umF im Rahmen von Hilfeplangesprächen festgelegt werden (vgl. ZSA 2014, 2ff.). Des Weiteren bezieht sich das Angebot in seiner Konzeption darauf, einen Schutzraum für umF zu gewährleisten. Dies bedeutet für die Einrichtung, „die Vermeidung von weiterer Verfolgung und Übergriffen aufgrund einer bestimmten Ethnien- und Religionszugehörigkeit etc. sicherzustellen" (ebd., 4). Als zentrales Element der Konzeption wird weiterhin „die Integration des jungen Menschen in die deutsche Gesellschaft" (ebd., 4) betrachtet, was an die Fachkräfte im Umgang mit umF

„eine interkulturelle und kultursensible Arbeit voraus[setzt]. Sie ist einerseits Grundlage, sich an den besonderen Bedarfen der jungen Menschen zu orientieren, andererseits ermöglicht sie einen gelingenderen Kulturtransfer in die westliche Gesellschaft" (ebd., 7).

1. Erkennen und Determinieren

Da die multiethnische Form der Unterbringung die Vorherrschende in Aachen darstellt, erhält sie eine hohe Bedeutung und soll demnach ausführlicher analysiert werden. Die Einrichtung von mono- und multiethnischen Gruppen generell bietet in diesem Kontext zwei Anhaltspunkte für Rassismus. Im ersten institutionell und im zweiten konzeptionell. Denn bei der institutionellen Einrichtung von sowohl mono- als auch multiethnischen Gruppen werden umF auf eine ihnen vermeintlich angehörige Ethnie reduziert. Dabei wird Ethnizität „zur Erzeugung der Differenz zu den >>Anderen<< benutzt [...] und vermittelt dabei das Gefühl, sich unter Gleichen zu befinden" (Spindler 2006, 58). Da Deutsche selbst in multiethnischen Gruppen nicht mit eingefasst sind, impliziert dies, dass die verschiedenen ethnischen Gruppen der umF Merkmale besitzen müssen, die sich von >>Uns<< Deutschen abgrenzen. Damit können >>Wir<< diese Abgrenzung durch die Zuweisung der umF zu mono- und multiethnischen Gruppen legitimieren. Dabei ist demnach ethnische Determination zu verzeichnen. Diese konstruierte Differenz wird zudem in dem Beispiel der JFS weitergetragen. Denn konzeptionell scheint die Einrichtung durch das Anstreben einer Integration der umF in Deutschland eine Gleichstellung zwischen >>Uns<< und >>Ihnen<< zu befürworten. Doch durch den Anspruch an die Fachkräfte der Einrichtung, eine interkulturelle Arbeit zu leisten, die einen „gelingenderen Kulturtransfer in die westliche Gesellschaft anstrebt" (ZSA 2014, 7), wird der Integration widersprochen. Denn bereits die Formulierung von „gelingenderen" impliziert, dass ein vollkommener Transfer der Kulturen nicht möglich ist und schreibt den umF demnach >>Uns<< entgegengesetzte kulturelle Merkmale zu. Genau diese Differenz bzw. dieses „System der Spaltung [...] in ihre binären Gegensätze [ist] das fundamentale Charakteristikum des Rassismus" (Hall 2000, 14). Zudem stellt die Vorstellung einer westlichen Gesellschaft einen Gesellschaftstyp dar, „der als entwickelt, industrialisiert, städtisch, kapitalistisch, säkularisiert und modern beschrieben wird" (Hall 1994, 142) und demnach eine Einteilung in >westlich< und >nicht-westlich< erlaubt, wobei letztere als weniger machtvoll erscheinen. Dabei stellt die Einrichtung den Westen als homogen und statisch dar, obwohl dieser durch die unterschiedlichen europäischen Kulturen sehr differenziert ist. Und genau dadurch wird impliziert, dass diese verschiedenen

europäischen Kulturen eine Einheit darstellen, indem sie sich alle von den >>Anderen
<< abgrenzen (vgl. ebd., 142). Demnach ist kulturell determinierter Rassismus zu erken-
nen, da er umF auf eine Kultur festschreibt, die über weniger Wert als >>Unsere Westli-
che<< verfügt und demnach auch einen vollkommenen Kulturtransfer nicht möglich
macht.

2. Form und Ebene

Spezialisierte Formen der Unterbringung für umF agieren in Bezug auf Rassismus auf
der institutionellen Ebene durch subtilen Ausschluss durch Einbeziehung. Denn
>>Wir<< beziehen die umF in die Jugendhilfe mit ein, um sie in einer für sie speziell
konzipierten Gruppe von >>Uns<< auszuschließen, um uns nicht mit >>Ihnen<< in
Bezug auf ihre Ethnien zu vermischen (vgl. Terkessidis 1998, 214). Dabei bedingt dieser
Rassismus eine Separierung aus der Gesellschaft.

Der beschriebene kulturelle Rassismus bezieht sich auf eine versteckte symbolische und
kulturelle Ausschließungspraxis, die impliziert, dass umF >>Unserer<< Kultur nie zu-
gehörig sein werden können. Dabei wird dieser Rassismus vor allem durch die Sprache
auf der individuellen Ebene in Bezug auf das Konzept reproduziert.

3. Analyse der Ursachen

Die benannten Gruppenzusammensetzungen sind in erster Linie psychoanalytisch be-
dingt. Denn mit dieser Separierung kann die These unterstützt werden, dass Deutschland
„von einer homogenen, ja ethnisch gefügten, ja nationalen wenn nicht gar völkisch-na-
tionalen Gemeinschaft" (Bukow 2000, 164) träumt. Dieser These ist auch der zweite
herausgestellte Rassismus entsprechend, da dieser die Angst vor der Vermischung mit
den umF, ausdrückt.

4. Abgrenzung

In beiden Rassismusbezügen ist eine Abgrenzung von Ausländerfeindlichkeit herausstell-
bar. Einerseits der institutionelle Rassismus in dem Sinne, dass auch einheimische Grup-
pen eigen ausgerichtete Heimerziehungsräume zugewiesen bekommen (z.B. Behinder-
tenheime) und andererseits der kulturelle Rassismus, dass auch deutsche Staatsbürger,
die jedoch nicht-westliche Wurzeln besitzen, >>Unserer<< Kultur nie vollkommen an-
gehörig sein werden. Als Beispiel kann das kulturelle bzw. religiöse Symbol des Tragen
eines Kopftuchs genannt werden, was bereits als ein Symbol des Nichts-Dazugehörens
zu Deutschland gedeutet wird (vgl. Arndt 2012, 28f.).

4.3.2 Integrierte Gruppenformen

„Daneben existiert die Form der „integrierten Unterbringung", bei welcher umF zusammen mit deutschen Gleichaltrigen in Einrichtungen der Kinder- und Jugendhilfe untergebracht sind" (DCV 2014, 86). Demnach unterscheidet sich diese nicht in der Betreuung oder Leistung, sondern einzig in der Gruppenzusammensetzung. In Aachen sind kaum Formen dieser Unterbringung vorzufinden. Eine integrierte Gruppe existiert in der Kinder- und Jugendhilfe Brand, bei der jedoch kein konkretes Konzept vorliegt. Dabei bietet lediglich die Tatsache, dass die Einrichtung den deutschen und ausländischen Jugendlichen „einen altersgemäßen, entwicklungsfördernden Rahmen, in dem sie unabhängig von Herkunft, Kultur und Religion respektvoll und achtsam miteinander leben können" (Ev. Kinder- u. Jugendhilfe Aachen-Brand) bieten möchte, einen Leitrahmen des Handelns der MitarbeiterInnen im Umgang mit umF.

---

1. Erkennen und Determinieren

Bei der Analyse dieser Form der Gruppenzusammensetzung innerhalb der Heimerziehung ist aus >>rassismussensibler Perspektive<< kein Rassismus vorzufinden. Denn dabei wird deutlich, dass einem Ausschluss und einer Differenz durch Gleichstellung in Bezug auf die Unterbringung entgegengewirkt wird. Unter Bezugnahme der Aussage der Kinder- und Jugendhilfe Aachen-Brand wird zudem davon ausgegangen, dass umF und deutsche Jugendliche zwar national, kulturell und religiös verschieden sind, jedoch diese weder bewertbar noch nicht miteinander vereinbar sind. Die Tatsache, dass in Aachen jedoch kaum diese Unterbringungsform vorzufinden ist, impliziert das mangelnde Interesse dieser Gleichstellung in der Gesellschaft.

4.4 Sonstige Unterbringungsformen

Neben den zuvor beschriebenen Formen der stationären Heimerziehung können umF auch in sogenannten sonstigen Unterbringungsformen der Jugendhilfe leben. Diese sind wie die stationäre Heimerziehung anlehnend an § 34 SGB VIII und fallen unter die Hilfen zur Erziehung. Praktisch sind dies beispielsweise Asylbewerberaufnahmeeinrichtungen, Wohncontainer oder Verselbstständigungsgruppen. Zuvor wird sich jedoch ausschließlich auf letztere bezogen, da diese oft an die stationäre Heimerziehung anschließen.

Verselbstständigungsgruppen bieten eine Wohnform für umF, die bereits in einem Heim oder einer Wohngruppe gelebt haben und ein größeres Maß an Selbstständigkeit besitzen. Dabei steht eine angestrebte Verselbstständigung im Vordergrund, die die Fähigkeit zum eigenständigen Leben gewährleisten soll, wenn umF aus dem Jugendhilfesystem fallen. Diese Gruppen können sich auf betreute Wohngemeinschaften und auch Einzelwohnen beziehen (vgl. Rätz u.a. 2014, 171). Demnach findet diese Form im Unterschied zu den zuvor benannten stationären Heimerziehungsgruppen als betreutes Wohnen ohne 24-Stunden Betreuung statt. In Aachen gibt es unter anderem das Intensiv Betreute Wohnen der Einrichtung KasparX (im Folgenden: IBW), sowie das Wohnprojekt UMF des Jugendhilfezentrums Burtscheid, die diese Wohnform anbieten. Demnach sollen auch diese in ihren Konzeptionen auf rassistische Anhaltspunkte erforscht werden.

Das IBW nimmt ausschließlich männliche umF ab 16 Jahren in ihren Appartements und Zimmern, welche wohngemeinschaftlich geregelt sind, auf. Jedoch müssen die umF zur Aufnahme bereits einen hohen Grad an Selbstständigkeit vorweisen können. Die Räumlichkeiten sind zentral gelegen und auch infrastrukturell gut angebunden, was sich auch in dem bedeutsamen Anliegen der Einrichtung, eine Integration der umF in Deutschland anzustreben, widerspiegelt. Diese Integration soll dabei „eine Auseinandersetzung mit den Werten und Normen des Herkunftslandes im Verhältnis zur neuen Lebenssituation im Gastland" (KasparX 2014, 7) beinhalten, was sich für das IBW unter anderem auch auf die „Auseinandersetzung mit dem konträren kulturellen Umgang mit den Geschlechterrollen zwischen Ursprungs- und Gastland" (ebd., 7) bezieht. In Bezug auf die Verselbstständigung strebt die Einrichtung an, dass die umF ihre eigenen kulturellen Wurzeln erhalten, jedoch auch die in Deutschland geltenden Normen und Werte erlernen, sodass diese zu einer selbstständigen Befähigung des Lebens in beiden Kulturen herangezogen werden (vgl. ebd., 12).

Das Jugendhilfezentrum Burtscheid setzt in seiner Konzeption des Wohnprojekts UMF auch das Hauptziel auf einen Verselbstständigungsgrad, mit dem diese in Bezug auf die Zukunft selbstständig leben können. Dabei werden auch hier ausschließlich Jungen ab dem 16. Lebensjahr aufgenommen (vgl. Jugendhilfezentrum

Burtscheid 2012, 2ff.). Als Voraussetzung der Aufnahme benennt das Jugendhilfe-zentrum die „Bereitschaft zur Integration in unsere Gesellschaft und die Akzep-tanz hiesiger kultureller und gesellschaftlicher Normen und Werte" (ebd., 2). Da-bei geht die Einrichtung davon aus, dass die umF durch das gemeinsame Leben mit den Anderen lernen, „sich in westlichen Gesellschaftsstrukturen zurecht zu finden" (ebd., 5).

1. Erkennen und Determinieren

Da die institutionelle Einrichtung von Verselbstständigungsgruppen auf das Hinwirken des eigenständigen Lebens der umF in Deutschland auf den ersten Blick positiv wirkt und diese auch in Aachen häufig vorzufinden sind, soll in diesem Kontext die >>rassis-mussensible Perspektive<< detailliert angewendet werden. Auf der konzeptionellen Ebene gibt es mehrere Hinweise auf Rassismus. Beispielsweise ist konkret in der Kon-zeption des IBW von KasparX, der stetige Hinweis auf das Gastland für die >>rassis-mussensible Perspektive<< von großer Bedeutung. Denn dieses verweist in erster Linie darauf, dass umF aufgrund ihres Status Deutschland nicht angehören und nur vorüber-gehend dort anwesend sind – obwohl es asylrechtliche Fälle gibt, in denen diese in Deutschland bleiben können. Demnach wird eine Differenz zwischen umF und >>Uns<< getätigt, wobei >>Wir<< diejenigen sind, die über Zugehörigkeit und Ab-grenzung entscheiden können. Dies bezieht sich auf eine natio-ethno-kulturelle Determi-nation. Dies wird zudem durch die Tatsache bestätigt, dass umF im IBW zum Leben in beiden Kulturen befähigt werden sollen, was eine zeitliche Begrenzung des Bleibens im-pliziert. Einen weiteren rassistischen Anhaltspunkt bietet die Konzeption, indem sie auf die konträren - und somit offensichtlich nicht zu vereinbarenden - kulturellen Umgangs-formen in Bezug auf Geschlechterrollen, eingeht (vgl. KasparX 2014, 7). Denn dabei werden >>Wir<< und die umF als zwei binär entgegengesetzte kulturelle Gruppen kon-struiert, bei der >>Uns<< die Machtposition angehört. Ein Beispiel bezieht sich z.B. darauf, der bei >>Uns<< vorkommenden emanzipierten Frau, die in den Kulturen der umF dem Mann unterworfene Frau, entgegenzusetzen. Und „Schon die Stereotypisie-rung an sich ist bereits ein alltagsrassistischer Akt" (Hirsbrunner 2011,246). Durch die Unterscheidung aufgrund kultureller Merkmale, ist Rassismus mit kultureller Determi-nation festzustellen. Dieser steht dabei in enger Verbindung zum Sexismus.

Das Wohnprojekt UMF geht in Abgrenzung zur Konzeption von KasparX deutlich sensi-bler vor. Denn Kultur gilt darin nicht als Abgrenzungsinstrument und wird nicht statisch dargestellt. Trotzdem wird eine Differenz durch den Bezug zur westlichen Gesell-

schaftsstruktur getätigt, die umF somit zuschreibt, nicht-westlich zu sein. In Bezug zu
Rassismus wurde darauf jedoch bereits unter 4.3.1 eingegangen.

2. Form und Ebene

Der im IBW herausgestellte Rassismus bezieht sich sowohl durch den Bezug auf das
Gastland als auch den konträren kulturellen Umgangsformen auf subtilen symbolischen
Ausschluss. Denn dadurch werden umF zu >>Uns<< als kulturelle Einheit abgegrenzt.
Da nach Hornscheidt und Nduka-Agwu Sprache normalisiertes Wissen und Identitäten
reproduziert, schaffen die sprachlichen Bezeichnungen im Konzept eine bestimmte Vor-
stellung über die Identität und Zugehörigkeit der umF (vgl. Hornscheidt/Nduka-Agwu
2010, 30). Da diese Rassismen von Einzelpersonen durch das Konzept hergestellt wur-
den, agieren diese auch auf der individuellen Ebene.

3. Analyse der Ursache

Die herausgestellten Rassismen sind in erster Linie psychoanalytisch determiniert, da
sie damit die kulturelle Identität der >>Deutschen<< in Abgrenzung zu derer der umF
sichern und produzieren.

4.4.1 Asylbewerberaufnahmeeinrichtungen und Wohncontainer

Durch den Wohnraummangel und den Zuwachs an umF greifen manche Bundesländer bei der Unterbringung im Rahmen der Jugendhilfe auch auf Aufnahmeein-
richtungen für erwachsene AsylbewerberInnen zurück. Teilweise verfügen diese
über gesonderte Räume, die eine angemessene Unterbringung für umF gewährleisten sollen (vgl. Parusel 2009, 32). Dies darf jedoch nur dann erfolgen, wenn
keine anderen Alternativen vorgewiesen werden können und ein jugendhilfege-
rechter Schutz gewährleistet werden kann. Trotzdem kann angebracht werden,
dass eine Asylbewerberaufnahmeeinrichtung keine Heimaufsicht beinhaltet, sodass diese weder dem SGB VIII-Standard entsprechen, noch in der Praxis Schutz
für umF gewährleisten können (vgl. MIK/MFKJKS 2013, 13). Auch die Tatsache,
dass viele 16 bis 17-Jährige umF trotz vorhandener Plätze in der stationären Heimerziehung, in Asylbewerberaufnahmeeinrichtungen untergebracht werden, in denen sie dann Leistungen des Asylbewerberleistungsgesetz erhalten, die teilweise
bis zu 25% unter den Sätzen des SGB II liegen, ist entgegen dem Kindeswohl
(vgl. Parusel 2009, 56). Denn diese Unterkünfte sind meist in einem Zustand, der
gesundheitsschädigend ist und die umF räumlich einengt und keine Möglichkeit
für eine Privatsphäre lässt. Dies führt dazu, dass auch bei Gewalt, Misshandlung,

Vernachlässigung oder Bedrohung den umF kein Schutz geboten werden kann (vgl. Hargasser 2014, 110). Demnach ist sowohl psychische, als auch physische Benachteiligung und Schädigung innerhalb dieser Einrichtungen vorzufinden. Auch ist eine Förderung der umF in Bezug auf die Schule oder der psychosozialen Entwicklung durch Professionelle der Jugendhilfe in diesen Unterbringungsformen so gut wie ausgeschlossen (vgl. Heinhold 2010, 68). Denn pädagogische Angebote gibt es wenn überhaupt nur innerhalb der Unterbringung, sodass umF die gesellschaftlichen Bezüge außerhalb der Asylbewerberaufnahmeeinrichtung kaum kennenlernen (vgl. Spindler 2006, 194).

Neben den Asylbewerberaufnahmeeinrichtungen gibt es im Rahmen der Jugendhilfe weitere Unterbringungsmöglichkeiten, die nicht der Regel entsprechen. Denn in Aachen werden derzeit sowohl bei der Inobhutnahme, als auch den Hilfen zur Erziehung beispielsweise viele umF in Hotels, Jugendherbergen, Turnhallen oder Containern untergebracht. Dies ist wiederum auf den stetigen Zuwachs der umF zurückzuführen. Ein Beispiel in Aachen gibt dazu das Zentrum für Soziale Arbeit im Stadtteil Burtscheid, welches bei den vollstationären Einrichtungen im Jahr 2014 auf das Wohnen für junge Flüchtlinge in modularer Form zurückgegriffen hat. Dabei bezieht sich die modulare Form auf Wohn-, Wirtschafts- und Sanitärcontainer, in denen umF untergebracht werden. Rechtfertigt werden diese Wohncontainer mit dem Entgegenkommen gegen die steigende Anzahl der umF und dem Bereitstellen von weiteren Möglichkeiten der Unterbringung. Die Container sind dezentral organisiert und befinden sich in Stadtnähe. Insgesamt können 20 umF in zwei Regelgruppen darin untergebracht werden. Neben der von der Regel abweichenden Unterbringung, ist jedoch konzeptionell kaum eine Unterscheidung zu anderen stationären Unterbringungsmöglichkeiten im Umgang mit umF herauszustellen. Denn die Betreuung dieser wird beispielsweise in den Containern über 24-Stunden vollzogen (vgl. Jugendhilfezentrum Burtscheid 2014, 3). Das hauptsächliche Ziel dieser Wohncontainer steht damit in Verbindung, den umF einen „„Schutzraum" anzubieten, der ihnen ein positiv gestaltetes „Ankommen" in ihrer neuen Heimat gewährleistet" (ebd., 4).

1. Erkennen und Determinieren

Eine von der Regel abweichende Unterbringung für umF ist bereits ein Anhaltspunkt für die Anwendung der >>rassismussensiblen Perspektive<<. Das Leben in Asylbewerberaufnahmeeinrichtungen „hält die Jugendlichen in einer künstlich abgeschotteten Lage – Flüchtlinge sollen unter sich sein" (Spindler 2006, 192). Durch die Zuweisung der Flüchtlinge auf einen speziell für sie konzipierten Raum, welcher Benachteiligungen in vielen Hinsichten birgt, wird eine hierarchische Differenz zwischen >>Uns<< und den umF getätigt. Denn diese Einrichtungen weisen auf eine Homogenisierung der Flüchtlinge hin, da auch nur dieser Status den Zugang dazu berechtigt. Damit werden umF weiter auf ihren Status festgeschrieben und die Differenz, die sich natio-ethno-kulturell determiniert, verfestigt. Dabei legitimiert diese natio-ethno-kulturelle Differenz die Abschiebung der umF auf benachteiligte Räume, in denen kein Kindeswohl gewährleistet wird. Dadurch entsteht dann sozialräumliche Segregation, sodass die umF kaum Möglichkeiten besitzen, mit der deutschen Gesellschaft zu partizipieren und Ressourcen derer zu erhalten (vgl. Winter 2004, 129). Zwar kann angebracht werden, dass der Wohnraummangel dies rechtfertigt, jedoch ist die Zuweisung zu Räumen, deren Standards sichtlich unter der Norm einer stationären Unterbringung im Rahmen von § 34 SGB VIII ein Instrument zur Verschärfung der Differenz.

Die Unterbringung von umF in Wohncontainern schreibt diese auch auf ihren Status fest, was die abweichende Unterbringung legitimiert und rassistische Elemente beinhaltet. Jedoch ist diese von der Unterbringung in Asylbewerberaufnahmeeinrichtungen in dem Sinne zu unterscheiden, dass ein Anstreben der Anbindung an das Leben in Deutschland trotz der ungeeigneteren Unterbringungsform dargestellt wird. Diese Gleichstellung lässt sich auch darin spiegeln, dass sich in der Konzeption auf eine „neue Heimat" der umF bezogen wird, was eine Zugehörigkeit zu >>Uns<< impliziert.

2. Form und Ebene

Der Rassismus durch die Unterbringung von umF in Asylbewerberaufnahmeeinrichtungen bezieht sich auf den offensichtlichen Ausschluss von symbolischen (keine Zugehörigkeit zu >>Uns<<), kulturellen (kein Zugang zu kulturellen Gütern) und auch materiellen (weniger Hilfe und Unterstützung der Jugendhilfe) Ressourcen durch die Einbeziehung in Hilfsangebote für diese. Demnach ist dieser Rassismus für umF sehr weitreichend spürbar. Durch die Rechtfertigung mit dem Wohnraummangel wird dieser Rassismus jedoch überdeckt. Dabei ist dieser durch behördliche Gesetze und durch die Zusammenarbeit verschiedener Organisationen (Jugendhilfe, Ausländerbehörde etc.) institutionell verankert. Durch die willkürliche Zuweisung von umF jedoch auch strukturell.

3. Analyse der Ursache

Die Ursache dieses Rassismus ist sowohl verhaltenswissenschaftlich, psychoanalytisch als auch gruppenpsychologisch zu erklären. Im ersten Bezug kann die Abschiebung auf Asylbewerberaufnahmeeinrichtungen als natürliche Abwehr des Menschen gegen das zunehmende bedrohende Fremde erklärt werden (vgl. Beckmann 1997, 218). Psychoanalytisch wird durch die Ausgrenzung der >>Anderen<< die deutsche Identität rein gehalten. Dass dadurch vor allem auch Ressourcen für die Deutschen in Bezug auf das Wohnen oder der Jugendhilfe erhalten bleiben, erklärt den Rassismus gruppenpsychologisch.

4.5 Hilfen für junge Volljährige

Wenn umF während ihres Aufenthaltes in der Jugendhilfeeinrichtung das 18. Lebensjahr erreichen oder gerade erst in dieser angekommen sind und dann volljährig werden, benötigen sie aufgrund ihrer Situation weiterhin adäquate Hilfe. Jedoch gilt die Jugendhilfe für umF nur bis zur Volljährigkeit uneingeschränkt (vgl. Schwarz/Tamm 2010, 38). Danach kann die Jugendhilfe gemäß § 41 SGB VIII Unterstützung für junge Volljährige gewähren, wenn das Jugendamt dies aufgrund der individuellen Situation des umF als erforderlich einstuft (vgl. Hargasser 2014, 82). Konkret soll diese Hilfe zur Persönlichkeitsentwicklung der umF beitragen und das selbstständige Leben fördern (vgl. § 41 Abs. 1 SGB VIII). Trotz des notwendigen Bedarfs dieser Unterstützung für umF aufgrund ihrer Situation und der gesetzlichen Verankerung, ist eine „allgemeine Zurückhaltung der Jugendämter bei der Gewährung von Leistungen für junge Volljährige zu konstatieren" (DVC 2014, 91). Des Weiteren können umF, die gerade das 18. Lebensjahr erreicht haben und weitere Jugendhilfeförderung erhalten, aufgrund des Bezuges der Leistungen sogar ausgewiesen werden (vgl. Espenhorst 2013, 12). In diesem Kontext ist anzumerken, dass auch das generelle Risiko einer Abschiebung in Deutschland mit Vollendung des 18. Lebensjahres maßgeblich steigt, da ab dann auch der Schutzauftrag der Jugendhilfe entfällt.

Dem Alter entgegenkommend ist in Aachen das bereits beschriebene JFS des Zentrums für Soziale Arbeit, da dieses auch junge Volljährige mit einschließt und das Konstrukt des Alters in Bezug auf die Volljährigkeit demnach berücksichtigt (vgl. ZSA 2014, 1).

1. Erkennen und Determinieren

Dass die Hilfen für junge Volljährige nur in wenigen Fällen für umF gewährt werden, lässt bereits auf eine Benachteiligung anspielen. Um jedoch Rassismus in dieser zunehmenden Restriktion festzustellen, müsste vorerst ein Vergleich zu der Situation der Gewährung dieser Hilfen für einheimische Jugendliche vorgenommen werden. Dass aber die Inanspruchnahme dieser Hilfen für umF auch einen Ausweisungsgrund darstellen kann, lässt einen rassistischen Hintergrund annehmen. Denn da die Inanspruchnahme für >>Uns<< keinen Ausschluss aus Deutschland bedingt, kann eine machtvolle Differenz angebracht werden, die den umF weniger Anspruch auf Hilfen für junge Volljährige zuschreibt, als >>Uns<<. Dabei ist die Legitimierung dieser Schlechterstellung wiederum an den Status der umF gebunden und demnach Rassismus auf natio-ethno-kultureller Determination vorzufinden.

2. Form und Ebene

Der vorliegende Rassismus bedingt sich durch offensichtlichen Ausschluss (durch die Gefahr der Abschiebung) durch Einbeziehung (in die Hilfen für junge Volljährige), der symbolisch als Abschreckung dient und dem Nichtbezug dieser Hilfen vorbeugen soll. Demnach ist dieser sehr subtil. Dabei bezieht sich dies vor allem auf institutionellen Rassismus, da dieser durch ein Sondergesetz bedingt wird, der die Nicht-Zugehörigkeit zu Deutschland weiter festschreibt und umF als untergeordnet stigmatisiert (vgl. Winter 2004, 143).

3. Analyse der Ursachen

Die vordergründige Ursache dieses Rassismus bezieht sich auf den gruppenpsychologischen Ansatz, da er durch die Zurückhaltung der Gewährung und der Möglichkeit der Ausweisung, die Hilfen für junge Volljährige als Ressourcen für die Deutschen sichert und damit den >>Anderen<< weitreichende Benachteiligungen einräumt.

4. Abgrenzung

In diesem Rassismus scheint eine Abgrenzung von Ausländerfeindlichkeit weniger möglich, da sich die Abschiebung nur auf Menschen mit ausländischem Pass bezieht und nur dann abgegrenzt werden könnte, wenn auch für Inländer die Inanspruchnahme negative Folgen mit sich ziehen würde.

4.6 Interkulturelle Kompetenz

Da bereits das Arbeitsfeld der Jugendhilfe im Umgang mit umF thematisiert wurde, soll auch die Arbeitsweise näher betrachtet werden. Dabei wurde bereits eine interkulturelle oder kultursensible Arbeit im Umgang mit umF benannt. Diese setzen voraus, eine sogenannte interkulturelle Kompetenz zu besitzen. Auch das bereits thematisierte Zentrum der Sozialen Arbeit positionierte sich im Februar 2015 mit einer „zertifizierten Interkulturellen Kompetenz" (ZSA 2015) in ihrer Einrichtung. Demnach erscheint diese in der Jugendhilfe im Umgang mit umF als notwendig und soll mit der >>rassismussensiblen Perspektive<< erforscht werden.

Die interkulturelle Kompetenz wird als Konzept benötigt, um die Gefahr von „Wahrnehmungsverzerrungen, von Fehlzuschreibungen, Fehldiagnosen und unsachgemäßen Interventionen sowie die einer Mißachtung der Identität des Gegenübers im Interaktionsprozeß" (Leenen u.a. 2013, 105) zwischen MigrantInnen und Nicht-MigrantInnen zu lindern. Interessant ist dabei jedoch, dass MigrantInnen selbst nicht als AdressatInnen der Ausbildung zur interkulturellen Kompetenz gefasst werden. Des Weiteren informieren viele Fortbildungen zur interkulturellen Kompetenz „in erster Linie über vermeintliche kulturelle Eigenheiten der Einwanderer" (Wehrhöfer 2006, 31) und stellen damit ein statisches Kulturverständnis in den Vordergrund, bei dem kulturelle Stereotypen bedient werden. Generell zeichnet sich nach Freise (2005, 158) eine professionelle interkulturelle Kompetenz auf vier Ebenen aus: der Fach-, Selbst-, Sozial- und Methodenkompetenz. Die Fachkompetenz bezieht sich dabei auf Fremdsprachenkenntnisse und spezifisches Wissen über MigrantInnen. Die Selbstkompetenz zielt weiterhin auf eine eigene gefestigte kulturelle Identität. Des Weiteren bezieht sich die Sozialkompetenz auf die Kommunikation mit umF, welche kultursensibel sein soll. Die Methodenkompetenz fordert einen gekonnten Einsatz von Methoden im interkulturellen Kontext (vgl. ebd.). Zusammenfassend unterstellt die interkulturelle Kompetenz jedoch, dass sich MigrantInnen „kulturell bzw. ihrem Habitus, ihren Werten, Einstellungen, Erwartungen, Interessen etc. deutlich von den Mitgliedern der Mehrheitsgesellschaft unterscheiden" (Wehrhöfer 2006, 31) und beschäftigt sich demnach mit Differenzen. Wäre dem nicht so, würde auch keine besondere Kompetenz benötigt werden, um mit MigrantInnen adäquat umzugehen.

1. Erkennen und Determinieren

Die interkulturellen Kompetenz scheint Rassismus in der Gesellschaft weiter zu verfestigen. Dies geschieht einerseits durch die Tatsache, dass alleine Nicht-MigrantInnen als AdressatInnen gefasst werden, da dadurch eine Differenz, die sich natio-ethno-kulturell determiniert, getätigt wird. Andererseits durch die Befassung der interkulturellen Kompetenz mit der Kultur. Durch statische Kulturverständnisse, kann das Konzept der interkulturellen Kompetenz zu Kulturalisierungen neigen. Damit wird eine Differenz zwischen >>Uns<< und den >>Anderen<< geschaffen und die Vielfalt von Differenzlinien nicht berücksichtigt. Dabei wird dann somit die sogenannte Herkunftskultur von umF zum Mittelpunkt ihrer >>anderen<< Kultur (vgl. ebd., 31). Da die interkulturelle Kompetenz zudem davon ausgeht, dass interkulturelle Beziehungen fast durchweg durch Machtasymmetrien, die sich in ungleichem Status, Rechtsungleichheiten oder Wohlstandsgefällen spiegeln, gekennzeichnet sind, wird eine Hierarchie implizit (vgl. Auernheimer 2013a, 52). Demnach ist Rassismus durch die AdressatInnen natio-ethno-kulturell und durch das statische Kulturverständnis kulturell determiniert.

2. Form und Ebene

Wenn bei der Thematisierung von Differenz der Fokus darauf gelegt wird, wie „durch die Auseinandersetzung mit Differenz gesellschaftliche Verhältnisse von Über- und Unterordnung reproduziert und bestätigt werden" (Auernheimer 2013b, 17), verstärkt die interkulturelle Kompetenz die Differenz und somit den symbolischen Ausschluss von umF aus der Gesellschaft. Demnach ist dieser Rassismus wenig offensichtlich, da er einerseits auf einen kompetenten Umgang mit z.B. umF hinarbeitet, trotzdem diese subtil aus der Zugehörigkeit >>Unserer<< Kultur ausschließt. Dabei geschieht dies auf der Ebene der Institutionen, die die interkulturelle Kompetenz praktizieren.

3. Analyse der Ursachen

Auch in diesem Bezug ist die Ursache vor allem mit dem psychoanalytischen Ansatz zu erklären, da die interkulturelle Kompetenz als Abgrenzungsinstrument dient, um >>Unsere<< kulturelle Identität zu wahren und die deutsche Nation als Einheit zu repräsentieren. Dies wird solange aufrechterhalten, solange auch nur MigrantInnen als der zu deckende Bedarf mit der interkulturellen Kompetenz betrachtet werden.

4. Abgrenzung

Eine Abgrenzung zur Ausländerfeindlichkeit erfolgt in diesem Bezug, da z.B. auch MigrantInnen mit bereits deutscher Staatsbürgerschaft aufgrund ihrer Migrationsgeschichte nicht als AdressatInnen gefasst werden.

4.7 Der Begriff der unbegleiteten minderjährigen Flüchtlings

Da bereits auf das Arbeitsfeld und die Arbeitsweise der Jugendhilfe eingegangen wurde, soll nun erforscht werden, welche Auswirkungen es hat, dass die Jugendhilfe umF auch stets als umF betitelt. Denn der Ausdruck des umF ist ein konstruierter Mischbegriff, da er „im Kontext von regulärer und irregulärer Migration, freiwilliger und Zwangsmigration, Ein- und Auswanderung, Asylrecht und Kindeswohl" (Hargasser 2014, 50) steht. Dabei geht es demnach immer um den Unterschied zwischen einem Innen und Außen und in diesem Zusammenhang auch um Ressourcenverteilung. Bereits eingangs wurde thematisiert, dass der Begriff des Flüchtlings eine negative Konnotation mit sich bringt. Denn in Deutschland wird dieser Begriff von der Gesellschaft weniger nur mit einem Rechtsstatus als auch in erster Linie mit Illegalität, Andersartigkeit, Kriminalität und Unbehagen assoziiert. Diese Merkmale beziehen sich auf eine >>Uns<< entgegengesetzte Normvorstellung. Demnach geht es stets um ein Bedrohungsszenario mit zu vielen ankommenden Flüchtlingen, was in Verbindung zu Flüchtlingsströmen/-fluten als Begriffen steht (vgl. ebd., 50). Auch in der Stadt Aachen greifen die Medien auf Schlagzeilen in der Aachener Zeitung mit den Titeln „Flüchtlingsstrom erreicht auch die Eifel" (Gabbert 2014) oder „Der Flüchtlingsstrom schwillt auf Rekordniveau an" (Nowicki 2015), zurück. Diese Aussagen implizieren, dass Flüchtlinge >>Uns<< metaphorisch zu überschwemmen drohen. Die Bedrohung lässt sich demnach mit dem Ziel der Asylpolitik und der Jugendhilfe, die Flüchtlinge möglichst klein zu halten, vereinbaren. Jedoch bedeutet dieses Kleinhalten eine alltägliche Abgrenzung und Beschämung der Flüchtlinge (vgl. Osterkamp 2000, 59).

Obwohl umF unterschiedliche Zugehörigkeiten zu sozialen Schichten, Klassen oder Geschlechtern beinhalten, werden sie als homogen >>Andere<< dargestellt und ausgegrenzt, was durch die gemeinsam miteinander geteilte Fluchterfahrung verursacht wird (vgl. Winter 2004, 12). Zudem ist die Vorstellung von umF auch immer mit der Vorstellung von AusländerInnen verknüpft. Dabei sind umF AusländerInnen, denen weiterhin noch die Tatsache der Flucht zugerechnet wird. Jedoch ist auch der Begriff des Ausländers, der durch die Gegenübersetzung mit dem Begriff des Inländers eine „Grenzziehung zwischen Personen in und aus eben

jenen Territorien im Sinne einer Zuordnung zu einem >inneren< bzw. >äußeren<
Kreis" (Hirsbrunner 2011, 243) bedeutet, mit einer Differenz verbunden.

---

1. Erkennen und Determinieren

Die Kategorisierung als umF verweist darauf, anders bzw. vor allem nicht zugehörig zu sein. Er gibt an, nicht dauerhaft in Deutschland zu sein und stellt umF als homogene Gruppe dar. Von Deutschen und AusländerInnen/Flüchtlingen zu sprechen, „bedeutet daher immer auch, >Rasse< aufzurufen" (Heidenreich 2010, 98). Da der Begriff eine stets mitschwingende negative Konnotation beinhaltet, trifft auch die Jugendhilfe somit immer eine Auswahl an machtvollen Vorurteilen, Bildern und Zuschreibungen, die umF diskriminieren können, indem sie sprachlich abgegrenzt und negativ bewertet werden (vgl. Hornscheidt/Nduka-Agwu 2010, 30). Diese sprachliche Abgrenzung wird dabei wiederum von einer machtvollen konstruierten Differenz getragen, wobei >>Wir<< die Privilegierten darstellen, die eine nationale Einheit repräsentieren. Die Determination dieses Rassismus ist eine natio-ethno-kulturelle, da sowohl die verschiedenen nationalen Herkünfte, als auch die damit in Verbindung stehenden ethnischen und kulturellen negativ bewerteten vermeintlichen Differenzen eine Rolle spielen.

2. Form und Ebene

Die Form dieses Rassismus sind subtile Ausschließungspraxen in Bezug auf symbolische, materielle, als auch kulturelle Ressourcen, da dieser Rassismus alle bisher herausgestellten Rassismen durchzieht und durch diese weiter reproduziert wird. Demnach ist diese Form auch auf der Ebene der Individuen, der Institutionen und den Strukturen der Gesellschaft vorzufinden und erhält einen hohen Stellenwert in Bezug auf die Sprache. Denn durch die ständige Wiederholung der Zuschreibung als Flüchtling werden diese naturalisiert und somit ignoriert auch die Jugendhilfe, dass es andere Benennungen gibt, die diese negative Differenz nicht in den Vordergrund stellen (vgl. ebd., 30).

3. Analyse der Ursachen

In diesem Kontext kann kaum eine Ursache herausgestellt werden, da es sich vielmehr um ein Netz handelt, welches sich gegenseitig bedingt. Da jedoch „Die Konstruktion der sozialen Gruppe >Flüchtlinge< unter Rückgriff rassistischer Argumentationsmuster [...] zum Erhalt etablierter Strukturen und Machtverhältnisse bei[tragen]" (Hübner 2011, 317) kann, wird die maßgebliche Ursache in Bezug auf den psychoanalytischen Ansatz gesehen, die eigene Identität durch die Abgrenzung zu umF zu behaupten.

5. Schlussbetrachtung und Anregungen

Betrachtet man die Ergebnisse, die mithilfe der >>rassismussensiblen Perspektive<< erarbeitet werden konnten, lässt sich eine stringente Tabuisierung von Rassismus innerhalb der Jugendhilfe im Umgang mit umF herausstellen. Es wird in keinem Bereich der Jugendhilfe Rassismus thematisiert. Und dies, obwohl in jedem aufgeführten Bereich rassistische Anhaltspunkte zu erkennen sind. Demnach ist der Weg eines umF im Rahmen der Jugendhilfe von den Seiten der Institutionen, der Individuen und den Strukturen grundlegend von rassistischen und diskriminierenden Aspekten begleitet. Bei Betrachtung der Gesamtheit der herausgestellten Rassismen innerhalb der Jugendhilfe wird deutlich, dass Rassismus in seiner ursprünglichen Determination der >>Rasse<< kaum mehr Bedeutung findet. Die Differenz anhand körperlicher Eigenschaften ist innerhalb der Jugendhilfe im Umgang mit umF nicht zu erkennen. Dem entgegen sind jedoch zusammenfassend auf der institutionellen Ebene der Jugendhilfe vor allem natio-ethno-kulturelle Determinationen und auf der individuellen Ebene in Bezug auf die einbezogenen Konzeptionen dafür ein hohes Aufkommen an Rassismus in kultureller Determination vorzufinden. Dies bestätigt demnach die eingangs thematisierte Verschiebung von dem nun existierenden Rassismus, der „auf rein kulturelle Differenzpostulate operiert und auf biologische Verweise verzichtet, und zweitens, dass er statt Hierarchien zwischen verschiedenen >>Rassen<<, Unterschiede zwischen verschiedenen Kulturen postuliert" (Kerner 2009, 134). Dabei wird in der Jugendhilfe meistens von einem statischen Kulturverständnis ausgegangen, welches eine grundlegende Differenz in den Fokus nimmt. Da die Jugendhilfe selbst dies nicht als rassistisch einstuft, kann in diesem Zusammenhang angebracht werden, dass innerhalb dieser kein Bewusstsein für den „neuen" kulturellen Rassismus existiert. Daraus kann ein fehlendes Verantwortungsbewusstsein der Jugendhilfe in Bezug auf Rassismus gedeutet werden. Aus diesem Grund kann auch festgestellt werden, dass in er Jugendhilfe sekundärer Rassismus vorherrscht. Denn in keinster Weise wird Rassismus als alltägliche Erfahrung der umF wahrgenommen oder gar thematisiert. Zudem besagt Mecheril, dass „Wer kulturelle Differenz nicht berücksichtige, bestätigte letztlich die Dominanz der jeweils vorherrschenden kulturellen Lebensform" (2004, 95). Auch wenn die Jugendhilfe im Umgang mit umF oft eine gesellschaftliche Integration anstrebt, wirkt dies durch die vielen rassistischen Räume paradox. Demnach sollen Anregungen an die Jugendhilfe dargelegt werden, die den herausgestellten Rassismen übergeordnete Strategien zur Bekämpfung entgegensetzen, die sich innerhalb der >>rassismussensiblen Perspektive<< auf den letzten Punkt des Handlungsplans beziehen. Dabei soll vorerst auf die institutionelle Ebene der Jugendhilfe eingegangen werden.

Da sich die dominierenden Rassismen innerhalb der Jugendhilfe im Umgang mit umF auf symbolische und materielle Ausschließungspraxen beziehen, kann auf ersteres bezogen festgestellt werden, dass innerhalb dieser stets eine Angst vor dem Verlieren der eigenen Identität durch eine Gleichstellung der umF vorzufinden ist, was auch mit einem Verlust der kulturellen Einheit in Verbindung gebracht werden kann. Um gegen die symbolischen Ausschließungspraxen in Bezug zu Rassismus anzugehen, würde dies vorerst ein anderes Verständnis von umF in der Jugendhilfe und in der Gesellschaft generell voraussetzen. UmF dürften nicht als >>Fremde<< in Konkurrenz zu >>Uns<< Stehende betrachtet werden, sondern als >>Uns<< Gleichgestellte, denen durch ihre vermeintlichen rassischen, ethnischen, kulturellen oder natio-ethno-kulturellen Unterschiede keine Benachteiligung zu Teil werden. Dabei ist sowohl die Jugendhilfe, als auch die Gesellschaft weit entfernt von dieser Perspektive und auch die Rassismusforschung bietet bislang kaum Lösungswege dazu. Eppenstein thematisiert die Problematik der Auflösung dieser symbolischen Ausschließungspraxen dabei treffend:

> „Fremdheit bleibt eine problematische Kategorie: Lassen wir „das Fremde" als Fremdes bestehen, laufen wir Gefahr, die integrierende Auseinandersetzung mit dem Anderen zu suspendieren, zielen wir aber auf eine Überwindung von Fremdheit, droht immer auch eine Vereinnahmung" (2007, 39).

Damit in Zusammenhang steht demnach auch, dass ein hoher Anteil der herausgestellten Rassismen den psychonalytischen Ansatz als Ursache haben.

Auf die materiellen Ausschlusspraxen bezogen kann festgestellt werden, dass somit Rassismus innerhalb der Jugendhilfe „fest mit den Formen der politischen und ökonomischen Herrschaft, die sie strukturieren, verwoben" (Hall 1994, 93) ist. Denn scheinbar ist ein hoher Anteil an den vorgefundenen Rassismen mit Kapitalverteilung verbunden. Somit müsste als antirassistische Maßnahme einerseits eine generelle Umstrukturierung der Institutionen in Bezug auf eine gleiche symbolische und materielle Ressourcenverteilung geschehen, was jedoch erst dann möglich ist, wenn die Jugendhilfe sich in politischen Diskursen, die im Handeln mit umF involviert sind, einmischt. Denn gerade auf materielle Güter bezogen, ist die Jugendhilfe von weiteren Institutionen (z.B. Ausländeramt) abhängig.

In Bezug zur Abgrenzung von Rassismus zu Ausländer- und Fremdenfeindlichkeit innerhalb der Jugendhilfe ist anzubringen, dass Fremdenfeindlichkeit kein Bezugspunkt ist und stets gut von Rassismus abzugrenzen ist. Ausländerfeindlichkeit ist jedoch in vielen herausgestellten Rassismen kaum abzugrenzen, wenn die Determination natio-ethno-kulturell gefasst wird. Da jedoch sowohl Rassismus, als auch Ausländerfeindlichkeit strukturell tiefgreifend sind und mit diskriminierenden Benachteiligungen zusammenhängen, wird es als weniger wichtig erachtet, diese im Detail auf ihre Unterscheidung hin zu analysieren.

Da herausgestellt wurde, dass die Benennung der umF als diese einen Rassismus beinhaltet, der sich auf allen Ebenen reproduziert, wird es in erster Linie als wichtig erachtet, gegen diesen anzugehen. Denn scheinbar wirkt er durch die Kategorisierung als Rahmen für alle anderen Rassismen. Das Anstreben einer Gleichstellung von umF und deutschen Jugendlichen in der Benennung würde sich dabei dem Antirassismus anschließen, da dies auf der institutionell-strukturellen Ebene angeführt werden müsste (vgl. Kaldrack/Pech 2011, 230). Demnach müssten umF nicht ständig durch ihren Status thematisiert werden und eine Sonderrolle mit negativer Etikettierung erhalten. Daran anschließend wird es zudem als wichtig erachtet, Räume für Rassismus auf der rechtlichen Ebene zu beseitigen, da diese durch die institutionell-strukturelle Verankerung auch einen Rahmen für individuellen Rassismus bieten und diesen darin reproduzieren kann (vgl. Mecheril 2004, 198). Demnach muss vor allem das Spannungsfeld von Ausländer- und Jugendhilferecht gelindert werden. Dabei wird es als elementare Aufgabe der Jugendhilfe betrachtet, sich in Diskursen des Ausländerrechts einzumischen und für das Kindeswohl durch das ihr zugeschriebene Wächteramt einzusetzen. Denn auch nach Zerger (1997,7) ist das Einmischen in politische Diskurse die Voraussetzung dafür, um Rassismus entgegenzuwirken.

Auch das Kinder- und Jugendhilfegesetz an sich beinhaltet schon eine Differenz zwischen umF und einheimischen Kindern und müsste vorerst diese bewertende Hierarchie durch eine Gleichstellung innerhalb der Gesetze beseitigen. Im Antirassismus sollen jedoch dem Ergreifen von Maßnahmen, ein Verständnis von Rassismus und die Analyse von Ursachen vorhergehen. Da jedoch bereits genannt wurde, dass die Jugendhilfe wenig Kenntnisse von Rassismus besitzt, sollte sich diese demnach in erster Linie Wissen dazu aneignen und fortbilden (vgl. ebd.,7). Denn eigentlich sollte sich die Soziale Arbeit durch Rassismus als alltägliches Phänomen innerhalb der Arbeit mit umF bewusst sein und als „Expertinnen und Experten in bezug (sic!) auf die Dimensionen des Rassismus" (Magiros 2007, 109) verstehen. Interessant ist zudem die Tatsache, dass das gesetzlich verankerte Diskriminierungsverbot der KRK, offensichtlich von der Jugendhilfe missachtet wird, da diese viele Räume für Rassismus in Bezug zu Diskriminierung bietet. Da sich die Soziale Arbeit auch als Menschenrechtsprofession versteht, sollte die Jugendhilfe ein Bewusstsein dafür erhalten, mit Rassismus ein wesentliches Menschenrecht zu missachten.

In Bezug auf die Inobhutnahme müsste sich die Jugendhilfe einem neuen Selbstverständnis unterlegen, um Rassismus zu verhindern. Dieses Selbstverständnis setzt voraus, umF eine gleich vollzogene Inobhutnahme, ein gleichgestelltes Clearingverfahren und rechtlich gleichgestellte Bedingungen der Vormundschaft zu gewähren. Demnach muss sich die Jugendhilfe darin verstehen, keine Unterscheidung in der Gewährung zwischen umF und deutschen Jugendlichen zu tätigen, sodass letztere stets als die Privilegierten erscheinen. In dem Selbstverständnis sollte ein gleicher Zugang für umF und einheimische Jugendliche bestehen, sodass jeder einzelne umF eine Inobhutnahme erhalten kann. Dies schließt sich auch der Rassismuskritik an, die für Verteilungsgerechtigkeit plädiert, um Rassismus zu entgegnen (vgl. Mecheril 2004, 206). Auch die Inaugenscheinnahme bedarf einer grundlegender Veränderung im Selbstverständnis der Jugendhilfe, da hier das Kindeswohl in den Vordergrund gesetzt werden muss und keine Selektion anhand äußerlicher Merkmale zum Nachteil der umF vollzogen werden sollte. Zudem darf die Jugendhilfe nicht die Kosten und vorhandenen Unterbringungsmöglichkeiten, sondern das Wohl des umF in den Vordergrund der Inaugenscheinnahme setzen. Dabei sollte diese als Instrument zum Vorteil von umF betrachtet werden.

Des Weiteren muss sich die Jugendhilfe in Bezug auf die Unterbringung im Rahmen der Hilfen zur Erziehung darüber bewusst werden, dass die Zuweisung zu speziell für umF konzipierten Gruppen, Rassismus reproduziert und Zuschreibungen verfestigt. Denn obwohl die Integration in die Gesellschaft von benachteiligten Menschen eine hauptsächliche Aufgabe der Sozialen Arbeit ist, agiert die Jugendhilfe entgegen dieser, da umF stets eigen zugewiesene Räume besitzen, die sie wiederum von einheimischen Jugendlichen abgrenzen (vgl. Deller/Brake 2014, 51). Dies geschieht zum Beispiel in der Unterbringung von umF innerhalb mono- und multiethnischen Gruppen. Um diesem institutionellen Rassismus zu entgegnen ist es wichtig, die ethnische Schichtung aufzuheben, was bereits als Teil des Antirassismus betrachtet werden kann (vgl. Winter 2004, 8). Denn wenn die Jugendhilfe diese Schichtung praktiziert, bietet dies auch der Gesellschaft den Zuspruch, die Hierarchien zwischen >>Uns<< und den umF im Alltag umzusetzen. Aus diesem Grund sollten mehr integrierte Gruppenformen konzipiert werden, da somit eine Gleichstellung und auch Gleichberechtigung von umF und einheimischen Jugendlichen offenbart und demnach die ethnische Schichtung aufgehoben wird. Zudem wird durch diese Form die binäre Spaltung zwischen >>Uns<< und den umF gebrochen, was als Strategie der Rassismuskritik verstanden werden kann (vgl. Mecheril 2004, 206). Die Unterbringung in Asylbewerberaufnahmeeinrichtungen sollte von der Jugendhilfe vollständig vermieden werden. Denn dieser institutionelle Rassismus bedingt nicht nur ethnische Schichtung, sondern auch gesellschaftliche Segregation. Wenn die Soziale Arbeit Integration anstrebt und für das Kindeswohl einsteht, darf diese Abschiebung in der Praxis nicht geschehen. Denn solange die Jugendhilfe diesen Rassismus legitimiert, wird auch die Gesellschaft die Ausgrenzung von umF weiterhin praktizieren. Zudem ist die Behebung von Segregation auch eine antirassistische Strategie (vgl. Winter 2004, 8).

In Bezug auf die Hilfen für junge Volljährige sollte unabhängig von dem Risiko der Ausweisung durch die Inanspruchnahme, eine höhere Gewährung dieser durch die Jugendhilfe angestrebt werden. Denn mit der Volljährigkeit ist die Persönlichkeitsentwicklung noch nicht vollendet, sodass ohne eine psychosoziale und existenzielle Unterstützung das Risiko eines delinquenten Verhaltens steigt. Und genau dieses würde wiederum der Gesellschaft die nötigen Stereotype bieten, die letztendlich wieder Rassismus legitimieren.

Bezieht man die interkulturelle Kompetenz trotz des festgestellten Rassismus in mit ein, ist es wichtig, dass Einrichtungen im Kontext interkulturell kompetenter Sozialer Arbeit „darauf achten, dass in Konzepten, Strukturen oder Praxen nicht durch Unterscheidungspraxen Unterschiede und Zuschreibungen gemacht werden, die dazu geeignet sind, soziale Ungleichheit zu legitimieren" (Eppenstein 2007, 36). Dies kann auch darauf bezogen werden, dass die Jugendhilfe im Umgang mit umF stets einen Spagat zwischen einer Gleichbehandlung von umF und deutschen Jugendlichen und dem Reproduzieren von Differenz reflektieren sollte. Bei der Gleichbehandlung besteht die Gefahr, dass der besondere Förderbedarf von umF verloren geht, bei der reproduzierten Differenz und der damit zusammenhängenden Beachtung des besonderen Förderbedarfs, die Gefahr von Rassismus. Die Reflexion sollte sich demnach darauf beziehen, das Optimum zwischen diesen beiden Richtungen zu finden.

Auf der individuellen Ebene in Bezug auf die dargestellten Konzeptionen, lassen sich deutliche Defizite der Professionellen der Jugendhilfe bezüglich Rassismus erkennen. Demnach wird es als elementar betrachtet, dass diese den Rückstand durch Bildungsangebote zu Rassismus aufarbeiten und daran die Reflexion des eigenen Handelns und Denkens in Bezug zu Rassismus anschließen. Dabei kann bereits die Reflexion dessen als Teil der Rassismuskritik verstanden werden (vgl. Mecheril 2004, 206). Denn durch das kritische Hinterfragen und das Beleben des Bewusstseins für Rassismus, kann auch die Motivation und die Einsicht wachsen, sich in Diskursen einzumischen, um gegen Rassismus anzutreten. Jedoch wird die Bearbeitung des Themas Rassismus nicht nur innerhalb der Einrichtung im Umgang mit umF als elementar erachtet, sondern auch in der Arbeit mit der deutschen Gesellschaft. Dies kann die Jugendhilfe im Bereich der Kinder- und Jugendarbeit, sowie Jugendsozialarbeit, welche in den §§ 11-14 geregelt sind und direkte Angebote darstellen, die sich an den Interessen und Bedürfnissen der Jugendlichen orientieren, umsetzen. Dabei fördert die Arbeit vor allem das „demokratische Lernen, leistet Bildungsarbeit und bietet konkrete Unterstützung bei der alltäglichen Lebensbewältigung, entwicklungsbedingten Problemen, Gefährdungen und Krisen" (Rätz u.a. 2014, 102). Durch den gesellschaftlichen Wandel müssen sich die Angebote stets an aktuellen Themen orientieren, wobei die Bearbeitung mit Gruppen in offenen Räumen stattfinden kann (vgl. ebd, 106). In Bezug zu Rassismus sollte die Jugendhilfe demnach einheimische Kinder und Jugendliche mit diesem Thema konfrontieren und politische Bildung, Aufklärung und vor allem Menschenrechtserziehung betreiben, um ein Bewusstsein für Rassismus in Bezug auf umF zu eröffnen und eine Begegnung auf Augenhöhe zwischen umF und Einheimischen anzustreben. Dabei bezieht sich dies bereits auf antirassistische Strategien (vgl. Ehmann 2002, 237f).

Zusammenfassend lassen sich demnach drei elementare Bereiche zum Entgegnen von Rassismus innerhalb der Jugendhilfe herausstellen. Einerseits im Bereich der Institution bzw. Professionellen der Jugendhilfe selbst, die ihr Wissen über Rassismus in seinen Elementen und Bezügen in jedem Fall erweitern und ein Bewusstsein für das existieren von Rassismus im Leben von umF entwickeln müssen. In diesem Zusammenhang steht auch das Hinterfragen der eigenen Identität im Vordergrund. Dabei ist es wichtig, dass umF als gleichgestellt betrachtet werden. Denn auch Ziel des Antirassismus ist „Gleichstellung, nicht Integration [als] die mittelfristige Perspektive" (Reiners 2010, 253). Zudem sollte stets das eigene Handeln in Bezug auf Stereotype und Vorurteile reflektiert werden.
Andererseits im Bereich des konkreten Umgangs mit umF. Dabei sollte ein großer Fokus auf Ressourcenaktivierung und Empowerment gelegt werden, um umF gegen rassistische Übergriffe zu stärken. Dabei würde dies durch die Lebensweltorientierung demnach auch sekundärem Rassismus entgegenwirken. Des Weiteren sollte gemäß dem Antirassismus auch eine andere Benennung dieser thematisiert werden und beispielsweise eine übergeordnete Gruppenkategorie in Form von „Wir in der Kinder- und Jugendhilfe" überdacht werden, auch wenn dies wiederum Stigmatisierungen fortschreiben kann (vgl. Mecheril 2004, 183). Zudem wird es in Bezug auf sekundären Rassismus als wichtig erachtet, dass die Jugendhilfe Rassismus mit den umF thematisiert und somit Rassismus als alltägliches Element

im Leben dieser erkennt. Demnach ist es die Aufgabe der Jugendhilfe, Verantwortung für Rassismus zu übernehmen und sich diesem zu stellen. Im kulturellen Rassismus ist die Vereinheitlichung von Kultur sehr mächtig, um Differenz zu produzieren. Da die nationale Sprache einen Teil von Kultur darstellt, wird es als antirassistischen Akt als wichtig erachtet, dass die Jugendhilfe im konkreten Umgang mit umF die Förderung der deutschen Sprache in den Vordergrund nimmt, um diese Differenz auszugleichen (vgl. Terkessidis 1998, 211).

Als letzter Bereich besteht das Handeln der Jugendhilfe in der Gesellschaft. Dies kann z.B. durch die benannte Kinder- und Jugendarbeit, sowie Jugendsozialarbeit geschehen. Aber auch in allen anderen gesellschaftlichen Bereichen wird es als Aufgabe der Jugendhilfe gesehen, auf Rassismus aufmerksam zu machen. Denn bereits „Die Bewußtwerdung dessen, was uns insgeheim beunruhigt, kann uns behilflich sein, mit den [Flüchtlingen] besser zurechtzukommen" (Zerger 1997, 210).

Letztendlich konnte der Handlungsplan der >>rassismussensible Perspektive<< ein strukturiertes Verständnis- und Analyseinstrument zum Herausfinden von Rassismus innerhalb der Kinder- und Jugendhilfe im Umgang mit umF bieten und konnte bestätigen, dass dieser stets in vielen Bereichen dieser vorherrschend ist. Interessant wäre es demnach gewesen, Professionelle nicht nur durch die Bezugnahme von Konzeptionen zu beleuchten, sondern auch alltägliche Situationen und Handlungen durch z.B. Experteninterviews miteinzubeziehen, um ein besseres Blickfeld von Alltagsrassismus zu erhalten. Auch wäre es interessant, umF selbst in Bezug auf ihr Empfinden von Rassismus und eventuelle eigene rassistische Denkmuster zu erforschen. Zudem wurde sichtbar, dass Rassismus tief verwoben in den gesellschaftlichen Strukturen ist, was eine Bekämpfung schwierig macht. Trotzdem konnten speziell an die Jugendhilfe Anregungen gegeben werden, wie sich Rassismus innerhalb dieser verhindern lässt.

Ein auffallendes Merkmal, welches noch thematisiert werden sollte, ist dass stets ein Fokus auf männliche umF gelegt wird und weibliche umF wenig oft aufgefasst werden. Beispielsweise sind bei der Unterbringung nur Gruppen mit männlichen Zusammensetzungen zu finden – weibliche Gruppen werden nicht thematisiert.

Auch wenn dies zum Teil daran liegt, dass auch der größte Anteil an nach Deutschland einreisenden umF männlich ist, sollte unter dem Aspekt des Sexismus - der wie bereits erwähnt in enger Verbindung zum Rassismus steht - eine genauere Untersuchung stattfinden.

Auch auf das Vorwort von Fanon (1972) kann in dem Sinne Bezug genommen werden, dass es auch im Rahmen dieser Arbeit als wichtig erachtet wurde, Rassismus nicht sich selbst zu überlassen, sondern diesen auf allen gesellschatlichen Ebenen aufzuspüren und anhand dessen Strategien zur Entgegnung zu entwickeln. Doch wurde daraus deutlich, dass Rassismus zirkulär eingebunden ist, sodass er >>Uns<< stets darauf aufmerksam macht, wer >>Wir<< sind! Demnach ist das Entgegnen von Rassismus auch immer mit einer Infragestellung von >>Uns<< und verbunden...

Literaturangaben

Monographien

Arndt, Susanne (2012): Die 101 wichtigsten Fragen: Rassismus. München

Bundesamt für Migration und Flüchtlinge (2012): Das deutsche Asylverfahren – ausführlich erklärt. Zuständigkeiten, Verfahren, Statistiken, Rechtsfolgen. Nürnberg

Deutscher Caritasverband, Referat Migration und Integration (Hrsg.) (2014): Unbegleitete minderjährige Flüchtlinge in Deutschland. Rechtliche Vorgaben und deren Umsetzung. Freiburg im Breisgau

Eppenstein, Thomas; Kiesel, Doron (2008): Soziale Arbeit interkulturell. Theorien – Spannungsfelder – reflexive Praxis. Stuttgart

Fanon, Frantz (1972): Für eine afrikanische Revolution. Politische Schriften. Frankfurt am Main

Freise, Josef (2005): Interkulturelle Soziale Arbeit. Theoretische Grundlagen – Handlungsansätze – Übungen zum Erwerb interkultureller Kompetenz. Schwalbach

Hall, Stuart (1994): Rassismus und kulturelle Identität. Ausgewählte Schriften 2. Hamburg

Hargasser, Brigitte (2014): Unbegleitete minderjährige Flüchtlinge. Sequentielle Traumatisierungsprozesse und die Aufgaben der Jugendhilfe. Frankfurt am Main

Kerner, Ina (2009): Differenzen und Macht. Zur Anatomie von Rassismus und Sexismus. Frankfurt/Main

Leiprecht, Albert (2001): Alltagsrassismus. Eine Untersuchung bei Jugendlichen in Deutschland und den Niederlanden. Interkulturelle Bildungsforschung Band 9. Münster

Lévi-Strauss, Claude (1972): Rasse und Geschichte. Aus dem Französischen von Traugott König. Frankfurt am Main

Mecheril, Paul (2004): Einführung in die Migrationspädagogik. Weinheim und Basel

Memmi, Albert (1992): Rassismus. Aus dem französischen übersetzt von Udo Rennert. Frankfurt am Main

Parusel, Bernd (2009): Unbegleitete minderjährige Migranten in Deutschland. Aufnahme, Rückkehr und Integration. Studie II/2008 im Rahmen des Europäischen Migrationsnetzwerks (EMN). Nürnberg

Rätz, Regina; Schröer, Wolfgang; Wolff, Mechthild (2014): Lehrbuch Kinder- und Jugendhilfe. Grundlagen, Handlungsfelder, Strukturen und Perspektiven. 2.Aufl. Weinheim und Basel

Spindler, Susanne (2006): Corpus delicti. Männlichkeit, Rassismus und Kriminalisierung im Alltag jugendlicher Migranten. Münster

Stauf, Eva (2012): Unbegleitete Minderjährige Flüchtlinge in der Jugendhilfe. Bestandsaufnahme und Entwicklungsperspektiven in Rheinland-Pfalz. Mainz

Terkessidis, Mark (1998): Psychologie des Rassismus. Darmstadt

Winter, Bernd (2004): Gefährlich fremd. Deutschland und seine Einwanderung. Freiburg im Breisgau

Zerger, Johannes (1997): Was ist Rassismus? Eine Einführung. Göttingen

Zimmermann, David (2012): Migration und Trauma. Pädagogisches Verstehen und Handeln in der Arbeit mit jungen Flüchtlingen. Gießen

Sammelbänder

Auernheimer, Georg (2013a): Interkulturelle Kommunikation, mehrdimensional betrachtet, mit Konsequenzen für das Verständnis von interkultureller Kompetenz. In: Auernheimer, Georg (Hrsg.): Interkulturelle Kompetenz und pädagogische Professionalität. 4. Aufl. Wiesbaden, 37-70

Auernheimer, Georg (2013b): Einleitung. In: Auernheimer, Georg (Hrsg.): Interkulturelle Kompetenz und pädagogische Professionalität. 4. Aufl. Wiesbaden, 7-14

Balibar, Etienne (2000): >>Es gibt keinen Staat in Europa<< - Rassismus und Politik im heutigen Europa. In: Räthzel, Nora (Hrsg.): Theorien über Rassismus. Hamburg, 104-120

Beckmann, Herbert (1997): Rassismuserfahrungen von Asylsuchenden. In: Mecheril, Paul; Teo, Thomas (Hrsg.): Psychologie und Rassismus. Reinbek bei Hamburg, 202-221

Berger, Almuth (2002): Diskriminierung durch Private. In: Klein, Eckart (Hrsg.): Rassische Diskriminierung – Erscheinungsformen und Bekämpfungsmöglichkeiten. Tagung in Potsdam, 29./30. September 2000. Berlin, 41-48

Bukow, Wolf-Dietrich (2000): Ethnisierung und nationale Identität. In: Räthzel, Nora (Hrsg.): Theorien über Rassismus. Hamburg, 164-176

Deller, Ulrich; Brake, Roland (2014): Soziale Arbeit. Grundlagen für Theorie und Praxis. Opladen & Toronto

74

Efferding, Wieland (2000): Funktion und Struktur des Rassismus. In: Räthzel, Nora (Hrsg.): Theorien über Rassismus. Hamburg, 43-54

Ehmann, Annegret (2002): Prävention durch Bildung und berufliche Fortbildung. In: Klein, Eckart (Hrsg.): Rassische Diskriminierung – Erscheinungsformen und Bekämpfungsmöglichkeiten. Tagung in Potsdam, 29./30. September 2000. Band 12. Berlin, 229-246

Eppenstein, Thomas (2007): Interkulturelle Kompetenz – Zumutung oder Zauberformel?. In: Zacharaki, Ionna; Eppenstein, Thomas; Krummbacher, Michael (Hrsg.): Praxishandbuch. Interkulturelle Kompetenz vermitteln, vertiefen, umsetzen. Theorie und Praxis für die Aus- und Weiterbildung. Schwalbach, 29-43

Hall, Stuart (2000): Rassismus als ideologischer Diskurs. In: Räthzel, Nora (Hrsg.): Theorien über Rassismus. Hamburg, 7-16

Heiber, Florentine (2010): Fiktive Altersbestimmungen. In: Kauffmann, Heiko; Riedelsheimer, Albert (Hrsg.): Kindeswohl oder Ausgrenzung?. Flüchtlingskinder in Deutschland. Nach der Rücknahme der Vorbehalte. Karlsruhe, 126-139

Heidenreich, Nanna (2010): >Ausländer_in<, >Ausländer_innendiskurs<. In: Nduka-Agwu, Adibeli; Hornscheidt, Antje Lann (Hrsg.): Rassismus auf gut Deutsch. Ein kritisches Nachschlagewerk zu rassistischen Sprachhandlungen. Frankfurt am Main, 93-101

Heinhold, Hubert (2010): Nach Rücknahme der Vorbehalte: Was muss im Bereich des Asyl- und Ausländerrechts verändert werden? In: Kauffmann, Heiko; Riedelsheimer, Albert (Hrsg.): Kindeswohl oder Ausgrenzung?. Flüchtlingskinder in Deutschland. Nach der Rücknahme der Vorbehalte. Karlsruhe, 60-74

Hirsbrunner, Stefanie (2011): Ausländer_in. In: Arndt, Susan; Ofuatey-Alazard (Hrsg.): Wie Rassismus aus Wörtern spricht. (K)Erben des Kolonialismus im Wissensarchiv deutsche Sprache. Ein kritisches Nachschlagewerk. Münster, 242-251

Hornscheidt, Antje Lann, Nduka-Agwu, Adibeli (2010): Der Zusammenhang von Rassismus und Sprache. In: Nduka-Agwu, Adibeli; Hornscheidt, Antje Lann (Hrsg.): Rassismus auf gut Deutsch. Ein kritisches Nachschlagewerk zu rassistischen Sprachhandlungen. Frankfurt am Main, 11-52

Hübner, Katharina (2011): >Flüchtling<. In: Arndt, Susan; Ofuatey-Alazard (Hrsg.): Wie Rassismus aus Wörtern spricht. (K)Erben des Kolonialismus im Wissensarchiv deutsche Sprache. Ein kritisches Nachschlagewerk. Münster, 313-324

Kaldrack, Fei; Ingmar, Pech (2011): Antirassismus. In: Arndt, Susan; Ofuatey-Alazard (Hrsg.): Wie Rassismus aus Wörtern spricht. (K)Erben des Kolonialismus im Wissensarchiv deutsche Sprache. Ein kritisches Nachschlagewerk. Münster, 229-231

Kauffmann, Heiko (2010): Deutsche Vorbehalte gegen Flüchtlingskinder: Das Ende einer schier unendlichen Geschichte politischen Versagens?. In: Kauffmann, Heiko; Riedelsheimer, Albert (Hrsg.): Kindeswohl oder Ausgrenzung?. Flüchtlingskinder in Deutschland. Nach der Rücknahme der Vorbehalte. Karlsruhe, 17-47

Krappmann, Lothar (2010): Der Ausschuss der Vereinten Nationen für die Rechte des Kindes und die Kinderflüchtlinge in Europa. Kauffmann, Heiko; Riedelsheimer, Albert (Hrsg.): Kindeswohl oder Ausgrenzung?. Flüchtlingskinder in Deutschland. Nach der Rücknahme der Vorbehalte. Karlsruhe, 48-59

Kunow, Rüdiger (2005): >>Ins Graue<<. Zur kulturellen Konstruktion von Altern und Alter. In: Hartung, Heike (Hrsg.): Alter und Geschlecht. Repräsentationen, Geschichten und Theorien des Alter(n)s. Bielefeld, 21-44

Leenen, Wolf Rainer; Groß, Andreas; Grosch, Harald (2013): Interkulturelle Kompetenz in der Sozialen Arbeit. In: Auernheimer, Georg (Hrsg.): Interkulturelle Kompetenz und pädagogische Professionalität. 4. Aufl. Wiesbaden, 105-125

Löhlein, Harald (2010): Fluchtziel Deutschland. In: Dieckhoff, Petra (Hrsg.): Kinderflüchtlinge. Theoretische Grundlagen und berufliches Handeln. Wiesbaden, 27-36

Lutz; Ronald (2012): Flucht und Flüchtlingslager. Schreckliche Soziale Prozesse. In: Frey, Corinna; Lutz, Roland (Hrsg.): Sozialarbeit des Südens. Band 4 – Flucht und Flüchtlingslager. Oldenburg, 27-82

Magiros, Angelika (2007): Foucoults Beitrag zur Sozialen Arbeit gegen Rassismus. In: Ahorn, Rolang; Bettinger, Frank; Stehr, Johannes (Hrsg.): Foucoults Machtanalytik und Soziale Arbeit. Eine kritische Einführung und Bestandsaufnahme. Wiesbaden, 109-118

Meißner, Andreas (2010): Vormundschaften für Unbegleitete Minderjährige Flüchtlinge. In: Dieckhoff, Petra (Hrsg.): Kinderflüchtlinge. Theoretische Grundlagen und berufliches Handeln. Wiesbaden, 59-62

Melter, Claus (2007): Sekundärer Rassismus in der Sozialen Arbeit. In: Geisen, Thomas; Riegel, Christine (Hrsg.): Jugend, Partizipation und Migration. Orientierungen im Kontext von Integration und Ausgrenzung. Wiesbaden, 107-128

Miles, Robert (2000): Bedeutungskonstitution und der Begriff des Rassismus. In: Räthzel, Nora (Hrsg.): Theorien über Rassismus. Hamburg, 17-33

Osterkamp, Ute (1997): Institutioneller Rassismus. Problematik und Perspektiven. In: Mecheril, Paul; Teo, Thomas (Hrsg.): Psychologie und Rassismus. Reinbek bei Hamburg, 95-110

Osterkamp, Ute (2000): Gesellschaftliche Widersprüche und Rassismus. In: Räthzel, Nora (Hrsg.): Theorien über Rassismus. Hamburg, 55-73

Palm, Kerstin (2010): Der >Rasse<begriff in der Biologie nach 1945. In: Nduka-Agwu, Adibeli; Hornscheidt, Antje Lann (Hrsg.): Rassismus auf gut Deutsch. Ein kritisches Nachschlagewerk zu rassistischen Sprachhandlungen. Frankfurt am Main, 351-357

Pichler, Barbara (2010): Aktuelle Altersbilder: „junge Alte" und „alte Alte". In: Aner, Kirsten; Karl, Ute (Hrsg.): Handbuch Soziale Arbeit und Alter. Wiesbaden, 415-426

Riedelsheimer, Albert (2010): Chance und Schlüssel zur Veränderung. Inobhutnahme und Clearingverfahren als zentrale Instrumente zur Verwirklichung des Kindeswohls von unbegleiteten Minderjährigen. In: Kauffmann, Heiko; Riedelsheimer, Albert (Hrsg.): Kindeswohl oder Ausgrenzung?. Flüchtlingskinder in Deutschland. Nach der Rücknahme der Vorbehalte. Karlsruhe, 95-109

Scharathow, Wiebke (2009): Zwischen Verstrickung und Handlungsfähigkeit – Zur Komplexität rassismuskritischer Bildungsarbeit. In: Scharathow, Wiebke; Leiprecht, Rudolf (Hrsg.): Rassismuskritik. Band 2: Rassismuskritische Bildungsarbeit. Schwalbach, 12-24

Schwarz, Ulrike; Tamm, Anne (2010): Das Gesetz zur Kinder- und Jugendhilfe / Sozialgesetzbuch und seine Auswirkung auf Unbegleitete Minderjährige Flüchtlinge. In: Dieckhoff, Petra (Hrsg.): Kinderflüchtlinge. Theoretische Grundlagen und beruflichen Handeln. Wiesbaden, 37-48

Wehrhöfer, Birgit (2006): Zur Diskussion um interkulturelle Kompetenz, interkulturelle Orientierung und interkulturelle Öffnung. In: Grünhage-Monetti, Matilde (Hrsg.): Interkulturelle Kompetenz in der Zuwanderungsgesellschaft. Fortbildungskonzepte für kommunale Verwaltungen und Migrantenorganisationen. Bielefeld, 28-33

Wirtgen, Waltraud; Iskenius, Ernst Ludwig; Eisenberg, Winfried (2010): Wunden, die nicht heilen. Kinderflüchtlinge in Deutschland. Leben unter Vorbehalt. In: Kauffmann, Heiko; Riedelsheimer, Albert (Hrsg.): Kindeswohl oder Ausgrenzung?. Flüchtlingskinder in Deutschland. Nach der Rücknahme der Vorbehalte. Karlsruhe, 110-123

Fachzeitschriften:

Brinks, Sabrina; Dittmann, Eva; Müller, Heinz (2014): Unbegleitete minderjährige Flüchtlinge: Was wissen wir und wie ist die Kinder- und Jugendhilfe aufgestellt?. In: Migration und Soziale Arbeit. Minderjährige Flüchtlinge. 36. Jahrgang, Heft 4, (o.O), 300-306

Espenhorst, Niels; Berthold, Thomas (2010): Ein Raum wie kein anderer – Zentrale Probleme und Bedürfnisse bei der Gleichstellung von unbegleiteten minderjährigen Flüchtlingen. In: Migration und Soziale Arbeit. Integration und Gleichbehandlung. Strukturen, Umsetzung und Wirksamkeitskontrolle, 32. Jahrgang, Heft 3. Weinheim, 290-296

Graupner, Britta (2012): Die internationalen Wochen gegen Rassismus: Deutschland braucht eine Rassismus-Debatte. In: Migration und Soziale Arbeit."Rassismus und ethnisierte Konflikte". 34. Jahrgang, Heft 1, 32-36

Melter, Claus (2012): Barriere- und diskriminierungskritische Soziale Arbeit in der behindernden Migrationsgesellschaft. In: Migration und Soziale Arbeit."Rassismus und ethnisierte Konflikte". 34. Jahrgang, Heft 1, 16-22

79

Reiners, Hartmut (2010): Strukturen der Gleichbehandlung in Deutschland. Rahmenbedingungen und Anforderung einer nachhaltigen Antidiskriminierungsarbeit. In: Migration und Soziale Arbeit. Integration und Gleichbehandlung. Strukturen, Umsetzung und Wirksamkeitskontrolle, 32. Jahrgang, Heft 3. Weinheim, 252-259

Seckler, Marlene (2014): Unbegleitete minderjährige Flüchtlinge zwischen Jugendhilferecht und Asylrecht. In: Migration und Soziale Arbeit. Minderjährige Flüchtlinge. 36. Jahrgang, Heft 4. (o.O), 313-319

Studnitz, Stefanie (2011): Ausgrenzung statt Ausbildung: die Situation junger Flüchtlinge im deutschen Bildungssystem. In: Migration und Soziale Arbeit. Flucht und irreguläre Migration, 33. Jahrgang, Heft 2. Weinheim, 128-137

Internetquellen

Bundesamt für Migration und Flüchtlinge (2015): Aktuelle Zahlen zu Asyl. Ausgabe: März 2015. Tabellen. Diagramme. Erläuterungen. (o.O), unter
    http://www.bamf.de/SharedDocs/Anlagen/DE/Downloads/Infothek/Statistik/Asyl/statistik-anlage-teil-4-aktuelle-zahlen-zu-asyl.pdf?__blob=publicationFile
(Download: 25.04.2015)

Deutscher Caritasverband e.V. (2015): Flüchtlinge (unbegleitet, minderjährig). Freiburg, unter:
    http://www.caritas.de/glossare/fluechtlinge-unbegleitet-minderjaehrig
(Download: 25.04.2015)

Ev. Kinder- u. Jugendhilfe Aachen-Brand (o.J): Regelangebot Haus 4. Aachen, unter:
    http://www.kinderundjugendhilfebrand.de/sub_haus_4.html
(Download: 12.02.2015)

Espenhorst, Niels (2013): Kinder zweiter Klasse: Bericht zur Lebenssituation junger Flüchtlinge in Deutschland an die Vereinten Nationen zum Übereinkommen über die Rechte des Kindes. Hrsg: Bundesfachverband Unbegleitete Minderjährige Flüchtlinge. München, unter:

> http://www.b-umf.de/images/parallelbericht-bumf-2013-web.pdf
> (Download: 04.03.2015)

Ministerium für Arbeit, Integration und Soziales NRW (o.J): Integrationsmonitoring NRW – Zahlen, Daten, Analysen. B1 Ausländerinnen und Ausländer nach Aufenthaltsstatus. Düsseldorf, unter:

> http://www.integrationsmonitoring.nrw.de/integrationsberichterstattung_nr
> w/indikatoren/B_Rechtliche_Integration/B1_Auslaenderinnen_und_Aus-
> laender/index.php
> (Download: 07.04.2015)

Ministerium für Familie, Kinder, Jugend, Kultur und Sport des Landes Nordrhein-Westfalen (2013): Handreichung zum Umgang mit unbegleiteten minderjährigen Flüchtlingen in Nordrhein-Westfalen. (o.O), unter:

> http://www.mfkjks.nrw.de/web/media_get.php?
> mediaid=27919&fileid=91637&sprachid=1
> (Download: 15.02.2015)

Müller, Andreas (2014): Unbegleitete Minderjährige in Deutschland. Fokus-Studie der deutschen nationalen Kontaktstelle für das Europäische Migrationsnetzwerk (EMN). Workingpaper 60. Bundesamt für Migration und Flüchtlinge; Nationale EMN Kontaktstelle; Forschungszentrum für Migration, Integration und Asyl (Hrsg.). Nürnberg, unter:

> http://www.bamf.de/SharedDocs/Anlagen/DE/Publikationen/EMN/Natio-
> nale-Studien-WorkingPaper/emn-wp60-minderjaehrige-in-deutschlan-
> d.pdf?__blob=publicationFile
> (Download: 07.04.2015)

Noske, Barbara (2010): Herausforderungen und Chancen. Vormundschaften für unbegleitete minderjährige Flüchtlinge in Deutschland. Eine Studie von Barbara Noske. München

http://www.b-umf.de/images/vormundschaftsstudie_2010.pdf
(Download: 16.04.2015)

Unicef (o.J.): Konvention über die Rechte des Kindes. Köln, unter:

https://www.unicef.de/informieren/infothek/-/konvention-ueber-die-rechte-des-kindes/17528
(Download: 23.02.2015)

UNO-Flüchtlingshilfe (2013): Weltflüchtlingszahlen 2013. UNHCR-Report. Bonn, unter:

https://www.uno-fluechtlingshilfe.de/fluechtlinge/zahlen-fakten/welt-fluechtlingszahlen-2013.html (Download: 12.02.2015)

Zentrum für Soziale Arbeit, Aachen Burtscheid (o.J): Wohnen für junge Flüchtlinge in modularer Form (WJF). Eine Zwischenlösung in mehrfacher Sicht. Aachen, unter:

http://www.zfsa.de/angebote/kompetenzzentrum-junge-fluechtlinge/woh-nen-fuer-junge-fluechtlinge-in-modularer-form-wjf/
(Download: 13.03.2015)

Zentrum für Soziale Arbeit, Aachen Burtscheid (2015): Zertifizierte interkulturelle Kompetenz, Aachen, unter:

http://www.zfsa.de/2015/02/zertifizierte-interkulturelle-kompetenz/
(Download: 13.03.2015)

Konzepte und sonstige Quellen:

Jugendhilfezentrum Burtscheid (2012): Wohnprojekt UMF. Aachen, unter:

> http://www.zfsa.de/wp-content/uploads/2012/08/Konzept-UMF-Stand-
> 08_2012.pdf
> (Download: 21.02.2015)

Jugendhilfezentrum Burtscheid (2014): Wohnen für junge Flüchtlinge (Wfjf). Aa
chen, unter:

> http://www.zfsa.de/wp-content/uploads/2014/08/WJF.pdf
> (Download: 20.02.2015)

Gabbert, Andreas (2014): Flüchtlingsstrom erreicht auch die Eifel. Aachener Zei
tung. Aachen, unter:

> http://www.aachener-zeitung.de/lokales/eifel/fluechtlingsstrom-er-
> reicht-auch-die-eifel-1.922305
> (Download: 28.03.2015)

KasparX (2014): Konzept und Leistungsbeschreibung zum Angebot Intensiv Be
treutes Wohnen (IBW). Aachen, unter:

> http://www.kaspar-x.de/downloads/Leistungsbeschreibung_Intensiv_Be-
> treutes_Wohnen_IBW.pdf
> (Download: 20.02.2015)

Laschet, Armin; Lienenkämper Lutz; Kuper, André; Schulze-Föcking, Christina;
Tenhumberg, Bernhard; Nettelstroth, Ralf; Güler, Serap (2014): Antrag der Frakti
on der CDU. Nordrhein-Westfalen muss sich für eine gerechte Verteilung zum
Wohl der unbegleiteten minderjährigen Flüchtlinge einsetzen. (o.O), unter:

> http://www.landtag.nrw.de/portal/WWW/dokumentenarchiv/Dokument/M
> MD16-7542.pdf
> (Download: 03.04.2015)

Nowicki, Patrick (2015): Der Flüchtlingsstrom schwillt auf Rekordniveau an. Aachener Zeitung. Aachen, unter:

> http://www.aachener-zeitung.de/lokales/eschweiler/der-fluechtlings-strom-schwillt-auf-rekordniveau-an-1.1051657
>
> (Download: 20.04.2015)

Sicking, Manfred (2014): Vorlage. Unterbringung und Integration von Flüchtlingen. Aachen, unter:

> http://www.markus-mohr.info/wp-content/uploads/Unterbringung-von-Fl%C3%BCchtlingen-Vorlage-der-Verwaltung28102014.pdf
>
> (Download: 08.04.2015)

Zentrum für Soziale Arbeit, Aachen Burtscheid (2014): Wohngruppe Junge Flüchtlinge Salierallee. Aachen, unter:

> http://www.zfsa.de/wp-content/uploads/2014/08/Salierallee.pdf
>
> (Download: 20.02.2015)

Abkürzungsverzeichnis

BAMF	Bundesamt für Migration und Flüchtlinge
DCV	Deutscher Caritasverband
IBW	Intensiv Betreutes Wohnen
JFS	Wohngruppe Junge Flüchtlinge Salierallee
KICK	Gesetz zur Weiterentwicklung der Kinder- und Jugendhilfe
KJHG	Kinder- und Jugendhilfegesetz
KRK	UN-Kinderrechtskonvention
MAIS	Ministerium für Arbeit, Integration und Soziales des Landes Nordrhein-Westfalen
MIK	Ministerium für Inneres und Kommunales des Landes Nordrhein-Westfalen
MFKJKS	Ministerium für Familie, Kinder, Jugend, Kultur und Sport des Landes Nordrhein-Westfalen
SGB	Sozialgesetzbuch
umF	Unbegleitete minderjährige Flüchtlinge